Ⓢ新潮新書

ホーキング青山

*HAWKING Aoyama*

# 考える障害者



746

新潮社

# まえがき

こんにちは。「車イス芸人」のホーキング青山です。

私は正真正銘の身体障害者で、「先天性多発性関節拘縮症《せんてんせいたはつせいかんせつこうしゅくしょう》」という生まれつき手足などの関節が未発達で変形していて動かない障害があり、普段は電動車イスに乗っています。

だから「車イス芸人」と言われていますし、芸名の由来もそこから来ています。ですから、ホーキングは本名ではありません。

見りゃわかるだろ！　と思うのですが、たまに「ホーキング青山」という名前を見て、「ハーフですか？」って聞いてくる人が本当にいるんです。

私が芸人としてデビューしたのは一九九四年、二〇歳のときでした。きっかけは、大川興業主催のライブに出演したことです。ちょうど物理学者のスティーヴン・ホーキング博士が書いた『ホーキング、宇宙を語る』という本が大ベストセラーになった頃で、「同じ車イスだからちょうどいいだろう」というだけの理由でつけられた芸名でした。

だからもっと昔に生まれてたら、「ヘレンケラー青山」や「アイアンサイド青山」（鬼警部ですね）になっていたかもしれません。逆にもっと遅くデビューしてたら「乙武青山」なんて芸名にもなっていたかもしれません。

とにかくそんな私です。

私がデビューしたころは、障害者は世間的に今以上に珍しい存在でした。もちろん、今と同じくらいいたはずなのですが、世間で、街で、メディアで見る機会は圧倒的に少なかったのです。

ましてや、障害者が人前に立つ商売、それも自分をさらけ出し笑いを取るお笑いをするなんてことは、日本では考えられない時代でした。

そのおかげでメリットもなかったわけではありません。

なんといっても珍しい。

だから、珍しさからデビュー当時はずいぶんいろんなメディアから注目されたものです。デビューして間もなく、本も出せましたし、テレビのドキュメント番組で紹介されることもありました。普通、芸人は寄席やライブ、あるいはテレビで何らかのウケを取るようになってから、注目を集めるのですが、私の場合は、カッコよくいえば「デビューそのものが事件だった」わけです。

そんなわけで、わりと早くから名前だけはそこそこ知られるようになったのは、恵まれたことと言えなくもありません。

しかし、こんなことを言うと、世に出ようとしてなかなか叶わない若手芸人からひんしゅくを買いそうですが、私は、もともとお笑い芸人をやりたいと強く思っていたわけではありません。単なるお笑い好きの少年でした。

それがライブ等を見に行っているうちにいろんな芸人さんと知り合うことになり、その中で大川興業の大川豊総裁が、何か可能性を感じたのか、面白半分だったのかは定かではありませんが、「デビューしたら面白いんじゃないか?」とデビューの機会を与えてくれたのです。しかし、もともと自分自身が舞台に上がるといった大それたことはまったく考えていなかった人間ですので、当時は何をどうすればいいのかまったくわかりませんでした。

ですから、今でこそ言いますが、メディアから注目されることは重荷でしかなく、デビューしてから数年間はずっと辞めたいとばかり思っていたのです。

それでもなぜ辞めずにやってきたのか？　それはやはり世の中に何か訴えたい、そんな思いが少なからずあったからだと今になればわかります。

そういう思いをネタに乗せてやっていくうちに、徐々にウケるようになります。そうすると現金なもので、芸人という仕事や本を書くといった仕事もだんだん楽しくなっていったのです。

それでもう気づけばデビューから二〇年以上が経ちました。

では一体私は何を世の中に訴えたかったのか？

一言でいえば、

「世間の障害者の捉え方ってなんかヘンじゃない？」

ということでした。

私がデビューしたころは、障害者については両極端の二つの捉え方しかなかったように思います。

片方は、妙に聖人君子のように扱う、というものです。身体（やアタマ）に難はあるけれども、その分、心は綺麗だとか、何らかの天才性を持っている、といった捉え方。

ヘレン・ケラー氏や本家のホーキング博士、あるいは野口英世氏、山下清氏の影響でしょうか。

そしてもう片方は、「厄介者」。こちらはあまり表立って口にする人はいませんが、本音のベースでは確実に存在していた捉え方ですし、今も厳然として存在しているのではないかと思います。

しかし、この両極端しかないというのは、あまりにもおかしいのではないか。当たり前のことだけど、障害者といったって所詮同じ人間。そうであればこの両極端のどちらかしかないなんてことがあり得るだろうか？——そんな思いがずっとあったから、「やろうと思っていなかった」のに大川総裁に誘われたときに断らなかったんだろうし、結局辞めずにやって来られたんだと思います。

それからはや二〇年以上経ちました。

「お前なんかテレビで見たことないぞ。本当に芸人としてやっているのか」

なんて温かいお言葉を浴びせて下さる方もいらっしゃるかとは思いますが、何とか芸人としての活動を続けられています。畏れ多いことに、北野武監督作品では役者としても出演させていただきました。たけしさんとは対談の本も出させていただいたし、それ以外にライブをやったり、本を出したり、講演をしたりと、結構忙しくさせてもらっています。

では、この二〇年間で世間の障害者への認識はどう変わったのでしょうか？　何が変わり、何が変わっていないのでしょうか？　そんなことを、私自身が障害者だからこそ書ける視点で、今改めて綴ってみたい。それが本書を書くことになったきっかけです。

だから舞台の私とはちょっと違い、いたって真面目に書きました（なので、このあと本論に入ってからは、文体も変えます。ご了解ください。それでも、芸人の性でしょうか、時々お笑いが入っているかもしれません。そちらもご了解ください）。

お笑いなどに興味のない人たちにも、納得してもらえるように書いたつもりです。また、普段舞台等で私を見てくれている方々には、散々いいたいことをいっているホーキング青山はこういう思いであのネタをしゃべっていたのか、ということを感じ取っていただければと思いながら書きました。

どうか最後までお読みいただき、そのうえであまり悪口を言わずに、つけあがらない程度にお褒めいただければ幸いです（笑）。

考える障害者●目次

# 1 「タブー」を考える



**障害者は気を遣われる**

障害者として生まれ、現在まで四〇年以上も生きてくると、少なからずいろいろ気を遣われることがある。

「気を遣われる」というのは、その人にとってまったく関係ない自分を気にしてもらえることなわけで、本来であれば申し訳ないやらありがたいやらなのだが、障害者だと時に過剰に気を遣われていると感じることがある。

たとえば、街中を電動車イスで走っているだけで、突然「押しましょうか？」と言われることがある。しかし、電動の車イスなのでレバーさえ動かしていれば勝手に走ってくれるので、全く押してもらう必要は無い。下手に押されたらスピードが出過ぎるか、制御が困難になって危険だったりする。

普通に買い物をしていて、買うつもりもないんだけど、何気なく陳列された商品を見ていると、突然見ず知らずの人が「これ?」と言って欲しくもないものを私に渡そうとしたりなんてことも日常茶飯事。気軽にウインドーショッピングもできないのである。

もっとすごくなると、ネタや原稿を書くのに喫茶店に入ってコーヒーだけ頼むと、「これよかったら食べて」と言って、ぜんぜん腹も減ってないのに賄い用であろうおにぎりを出されるなんてこともある。当たり前だけど、仮に腹が減っていたら、注文してお金を払う。それに喫茶店でおにぎりを食べたいとはあまり思わないのではないだろうか。

そして、さらにその先の展開が待っていることもある。帰ろうとしてお金を払おうとすると、

「あなたからお金なんか取れない!」

店員さんからそのまま店の外に出されそうになったりなんてこともあったのだ。

この時は、

「いやそれじゃあいくらなんでも申し訳ないですし、それに何よりコーヒー一杯飲めな

いほど金に困っていませんから」

と言って、何とか代金を受け取ってもらったのだが、相手は自分の好意を無にされたと思ったのか、ちょっとがっかりした顔なんか見せられ本当に困った、なんてこともあった。こちらは代金を払っているのに、そのおかげでがっかりされるというのも随分おかしな話ではある。

こういう経験は実は結構多く、友だちと池袋の駅で待ち合わせしていたら、遠くから小走りで見知らぬおばさんが駆け寄ってきて、いきなり私の胸ぐらを摑んできたことがあった。こんな見ず知らずの人に殴られる覚えはないけど、「やられる」と思い、とっさに目を閉じ歯を食いしばったら、次の瞬間「何もいわずに持っていって！」と叫びながら私の胸元に一〇〇〇円札を一枚入れて立ち去っていったのだ。あまりの突然の出来事に私はしばし呆然としたが、その後すぐに待ち合わせしていた友だちと合流したら、そいつが「臨時収入じゃん！」とやたら喜んでたのが、なんかおかしかった。

## バカにしてるのか？

私のはかなり強烈な部類だろうが、こういう体験は、それでも私以外の障害者も、障害者として暮らしていれば、ここまでではないにしても少なくとも一度や二度は必ず遭遇する出来事だ。そのため、こういう話を「タブーに斬り込む！」的なノリで披露している障害者も最近出てきているみたいである。

「みなさんの善意が、実は迷惑と紙一重なんですよ。こんなヤバい話、当事者じゃなきゃ言えませんが、私はあえて言いますよ、ええ言いますとも」

そんなところだろう。

実のところ、私も中学生や高校生の頃は「バカにしてるのか⁉」と腹も立ったものだったが、二〇歳ぐらいになると、そこはあまり気にならなくなってきた。というのも、気を遣いたくなる感覚や、相手の人の気持ちもなんとなくわかるようになったからだ。それで腹も立たなくなった。

それは、そもそもの原因が何となくわかってきたからだろう。相手の方々には悪意はない。基本的には善意からの行動である。そこに偽善を感じる人もいるかもしれないが、そうであっても善意がベースにあることに変わりはないだろう。

それなのに、どうしてこちら側が戸惑うような「気遣い」をしたり、「サービス」を提供する人がいるのか。

これは結局、突き詰めて言えば「障害者」というものがまるで理解されていないからだ、ということに尽きると思うのだ。障害者でない「健常者」は、我々にどう接して良いかわからない。そのおかげで必要以上に、あるいはおかしな方向に気を遣うわけで、要は障害者というものが全く世間に正しく伝わっていないことが問題なのだ、と思う。

**理解されないのはなぜか**

では何故、障害者のことが世間に正しく伝わらないのか。

理由は様々だろう。そのことについては、本書で何度も考えていくことになるが、すぐに思いつくものを挙げてみると、ざっと次のようなものだろうか。

・**そもそも健常者との接点が少ない**――資本主義の世の中で生産性がない（と多くの場合見なされている）障害者は世の中に出ていくことは極めて厳しい。世の中に出ていないのだから、接点が少ない。だから理解は進まない。

・**善意の人が社会との壁になっている**――障害者の側に立って、味方になってくれている人たち、要するに家族や福祉や介護関係、ボランティアの人たちなどが、障害者に理解のない人たちから我々を守ろう、少しでも社会に参加させようと過剰に振る舞い、結果的に社会と我々とを隔絶させてしまっているのをまま目にする。

前に仕事である地方に行ったときの話。

現地に主催者だけでなく、イベンターも来ていたのだが、帰る段になり飛行機に乗ろうとした際に、私は乗り降りがめんどくさいので出入り口に近い席を取っていた。すると、いきなりそのイベンターが航空会社の人に、

「障害者だからってそんな席にしてるんじゃない！ 一番前にしろ！」

と言い出したのである。私は、こんな搭乗間際に何てこと言ってるんだ、と思ったが、たまたま空いていたこともあり航空会社は席を替えてくれた。

そのイベンターは「はじめからそうしろ！」なんてすごく息巻いてたが、私にすれば仕事でよく使う航空会社に「めんどくさいヤツだ」とは絶対に思われたくなく、冷や汗をかいたものである。

また別のときの話。私が友だちとプロレスを見に行った際の出来事である。私たちは普通に車イスのスペースで見ていたのだが、しばらくすると別の障害者がボランティア

らしき人と一緒に現れた。そして席に案内してくれた人にボランティアの人が、

「車イスだからってなんでこんな遠くなんだ！　リングサイドに替えろ!!」

と怒りだしたのだ。

大声で怒鳴っていて否応なしに耳に入ってくるので、仕方なく会話を聞いていた。最初はかなり良い席のチケットを持っていて、それが車イスという理由だけで車イススペースにされていることを怒っているのかと思ったので、「たしかにこの人のいうとおりだな」と聞いていた。

しかし、しばらくすると、会場の係の人が、

「リングサイドにお座りになりたいのでしたらリングサイドのチケットを買っていただかないと困るのです。こちらでも今お持ちの席より車イススペースのためかなり前の方になっております」

と言うではないか！

要するにただのめんどくさいヤツじゃん！　なんだよおとなしくしろよ。そう思っていると、今度は車イスのヤツまでもが「もっと前で見たい！」とゴネているではないか!!　やりとりを聞きながら、障害者とはいえ、私はもう気持ちは完全に係の人の味方

である。

係の人はその後もしばらく「チケットがないのだから絶対にダメです。認められません！」と厳しく対応していたのだが、いくら言っても聞かない二人に業を煮やし、上の先輩らしき人を呼んできた。するとこの先輩らしき人が、揉めるのが嫌だったのか面倒くさかったのかわからないが、「ああ今回だけ特別にいいですよ！」とあっさりOKしてしまったのだ！　そして、先ほどの係の人になにやら耳打ちをしてこの先輩らしき人は去っていったが、この係の人は「それではご案内します」と言いつつ明らかに怒っている。

そりゃそうだろう。「いくらなんでもひどいよな」と友だちと話しつつ、ふと「ここでオレたちが同じようにゴネたら、向こうはどんな反応するかな？」と言ったら、友だちは「お前面白がってやりかねないから絶対ダメ」と言いつつ笑ってた。

でもこんなことしちゃうから、障害者って悪いイメージがついちゃうんだよな……とつくづく思ったものである。

もう一つ、障害者のことが伝わりづらい理由には次のようなものもある。

・**「とにかく大変だ」「不憫でかわいそうだ」というイメージが先行し過ぎている**――日本テレビのチャリティー番組『24時間テレビ　愛は地球を救う』に出てくるのは、障害のせいで何らかの苦労をしている障害者である。もちろん、年に一度そういう人たちを見れば「大変だなあ」と思うのはごく自然な感覚だろう。しかし、この番組はとかく障害者を不幸に、不憫に、哀れに描こうとしすぎていて、等身大からはかけ離れているケースが非常に多い。

傍から見ればものすごく大変そうに見えても、当事者にとっては、その「大変」は日常だから、傍で見ているほどではないこともある。もっと言えば、本当にただ「大変」なだけでは人は生きていけない。「大変」な中にもおかしみがあったり、なんらかの遊びがあったりするものだ。だけど、そういう部分はまず描かれない。また、身体的にも経済的にもすごく大変な人もいれば、そうでもない人もいるのだが、そのへんはあまり伝わらない。「わりと普通に暮らしていて、お金もそこそこあり、まあまあ満足しています」という障害者はテレビ的ではないのである。

## そしてタブーになる

ともあれ、ほとんどの健常者は、障害者のことをあまり「知らない」。それは仕方のないことなのだが、そこからいろんな誤解が生じる。そして、自然に「知る」というプロセス、お互いが歩み寄ろうとするプロセスがない。

そんな中でも、障害者は自分たちの社会参加を訴える。健常者側も、それに対して「社会参加、もちろん結構なことですね。出来ることはやりますよ」という反応を一応示す。昔ならいざ知らず、「障害者は邪魔だよ」なんて大っぴらに言う大人はまあいない。

しかし、一方で、本音ベースでは、「だけどお前らハンデがあるから俺たちと同じことはできないだろ?」という気持ちがある人も少なくはない。実際にそうなのだが、しかしそんな「政治的に正しくない」ことは言ってはいけない。だから何も言わなくなる。そして、ますます接点が減る。完全な悪循環である。

そこでどうするかといえば、障害者のことはよく「知らない」し、彼らが何をしようとしているかも「知らない」、さらに何を求めているかも「知らない」。そういう風になる。なかには本当は興味がないし、関わりたくないのかもしれないという人もいることだろう。

それでも、大人として何となく、障害者を「平等」に「社会の一員」として扱おうとする。しかし、それは本気ではない。それは障害者にも伝わる。そうすると、障害者側の反感を買ってしまう。

こんなことをずっと繰り返しているんだと思う。

その結果、障害者なんて本当は特別なものでもなんでもないのに、気を遣う対象となり、一種のタブーになってしまっているんだと思う。

### 障害と障がいと障碍

この、わからない故に気を遣うということの象徴みたいなものが、昨今目にする機会が増えた「障害者」という表記を「障碍者」や「障がい者」に変えるべきという意見。これは、二〇〇〇年代に入ってからよく議論されるようになった問題だ。実際に、こうした意見を反映して、「障がい」といった表記に変更した自治体や団体も少なくない。

もともとは東京の多摩市が「障がい」としたのが先駆けで、そのあと全国に広がった動きだ。パラリンピックなどに関係している公益財団法人の「日本障害者スポーツ協会」も二〇一四年からは名称を「障がい者」に変更している。国でも鳩山由紀夫氏が首相時代に作った組織の名前が「障がい者制度改革推進本部」ということで、話題になったこともある。

ただし、さまざまな議論があって、メディアも含めて、いまだに統一はされていないのが現状だ。

「『障害者』はやめよ」という方の意見は、主に「害」という文字には否定的な意味合いが強いから、というものだろう。こういうことから偏見が助長されるのだ、と。

私自身、言葉を生業としている身なので、言葉の力を否定する気はさらさらない。物言い一つ、表記一つで与える（受ける）印象が変わることは珍しくない。芸名やコンビ名を変えた途端にブレイクした芸人なんて何人も知っている（逆に名前を変えただけって人も実は結構いたりしますが）。東京の「自由が丘」駅のあるあたりは、昔は「衾沼《ふすまぬま》」だったという。「沼」を「丘」にするだけでもイメージがずいぶん変わるのに、そこに「自由」なんて好感度の高そうな言葉をくっつけたのだから、相当なものだ。

こういう事例から考えると、

「とにかく『障害者』の『害』の字が悪い。偏見を助長させている」

と言いたくなる人の気持ちもわからなくはない。

でも、どうなのだろう。「害」の字はたしかにあまりいい字ではないのかもしれない。しかし、それでいえば「碍」の字も「さまたげ」という意味らしいから、別にいい字とも言えない。

「『害』にはわざわいという意味があるけれど、『碍』にはないから」

そんな理屈もあるらしい。しかし、ここまで行くと、「お前は歩く漢和辞典か！」とツッコミの一つも入れたくなる。というか、もはやただの屁理屈にしか聞こえない。普通の人はそこまで漢字一文字に対して深くは考えていない。ということは、偏見を助長することにはつながらないと思ってしまう。

そもそも、それで言えば「障」の字だって、「害」と同じくらいいい字ではない。なにせ「障りがある」という時に使うのだ。「耳障り」「目障り」の「障」である。

もしも「害」の字を排除していったらどうなるか。そのうち「障」の字も気になりはじめるのではないか。すると、こんな人が出てくるかもしれない。

「『障』は『翔』にしてはどうでしょうか。羽ばたくみたいで素敵ですよ。『害』も『碍』も論外です。ここは『涯』でどうですか。『はて』という意味だから、『はてまで翔《と》ぶ』というイメージになります。ね？　『翔涯者《しょうがいしゃ》』。素敵でしょう？」

なんだか昨今のキラキラネームかインチキな広告代理店の口上みたいだし、こうなるともう暴走族の「夜露死苦」「仏恥義理」とも変わらない。

ちょっと話が脱線したけれど、「障がい者」「障碍者」派の人たちに対しての反論は、簡単に言えば次のようなものになる。

「表記を変えたからといって、障害者に対する無知や、そこから起きる偏見や差別が変わるわけではないだろう」

興味深いのは、意外と障害者やその周辺の人たちにも、こういう意見の人は少なくないという点だ。「言葉を安易に変えると、かえって実態を隠してしまう」と考える人もいるようだ。

当事者の立場から本音を言えば、こういう言い換えはどこか安易な感じがする。ごまかされている感じがするのだ。そして、そんな安易なことで事足れりとしてしまう感覚が透けて見えちゃうから、「こんなんで変わるわけないだろ」という批判が出てくるんだと思う。

## 差別用語は使う人の問題

そもそも差別用語というものの定義自体、時代や社会によって変化する。現在、差別用語として一般的にはほとんど使われなくなっている障害者を指す「片端（カタワ）」「瞽（メクラ）」「聾（ツンボ）」等の言葉は、もともとは差別的な意味合いを持ったものではなかったという。それぞれ「身体が不自由」「目が見えない（または不自由）」「耳が聞こえない（または不自由）」という直接的な表現を避けるために用いられた言葉なのだそうだ。

しかし、使う側が差別的な意味合いを込めて使ったから、言われた方は傷つき、結果差別用語になったということだろう。

人権団体等、さまざまな団体や関係者が、こうした用語に対して抗議をして、時間を費やしながら、事態を良くしようとしてきたことはわかる。先ほども述べたように、言葉の力は侮れない。実際にさまざまな差別（的）用語で相当数の人たちが苦しめられてきた歴史が間違いなくあったわけで、その歴史を考えると、簡単に「言葉の問題じゃないよな」なんてことは言えない。

ただ、自分も芸人として話芸を生業として、最近は落語などにも挑戦している身なので、現在差別用語になっているこれらの言葉を、当時の時代性を忠実に表現しようとした落語や演劇、映画等の台詞にまで使ってはいけないという動きについては、やや行き過ぎではないかとも思う。むろんそうはいってもその表現をすべて是とすることにより、使っている方は差別的意図がなかったとしても、差別的意図のある人たちに使える材料を提供することにもなりかねないということもよくわかる。また、仮に「当時の時代性」を再現した結果とはいえ、そうした言葉が現代に定着することに安易に手を貸すことにもなりかねない。特に「当時の時代性」やその言葉が使われていた当時の背景など、予備知識の無い子どもなどが接する作品で、差別用語がガンガン飛び出したら、その言葉の持つ影響を理解せずに使ってしまいかねず、やはり問題だろうとも思う。

このように言葉の問題はとても複雑だ。

いちおう「差別に抗議する側」に近いであろう私といえども、下手な物言いをしたら、怒られる危険性は十分にある。ましてや、そうではない人はどこに地雷があるかわからないから大変だ。だから多くの人は、こういう領域の話をあまりしたがらない。君子危うきに近寄らず、健常者差別問題に近寄らず。こうしてますます「知らない」人が増えていく。それがまた障害者を世間から遠ざける一因にもなっている。

シンプルに言えば、やはり大事なのは「差別的な意図がない」という思いを被差別者に伝えることなんだと思う。私自身、舞台に上がっていて、共演者に「カタワ」と言われても、それが笑いのためならば何とも思わない。やせ我慢でもなんでもなく、私たち芸人は皆笑わせること、インパクトを残すことが目的だからだ。言う方も言われる方もそれを理解しているからこれは「お笑い」として成立する。しかし、もしも通りでいきなり見知らぬ人に「カタワ」と言われたら「どういう意図で言ってんだよ⁉」と思うし、当然腹が立つだろう。

直接的な差別用語でなくても、見知らぬ人にいきなり「大変個性的なルックスですね」と言われたら、それはそれで腹が立つと思う。要は差別用語はその言葉そのものよりも、「意図」が大きな意味を持つのである。

## 税金の問題

もう一つ、障害者について論じる際に、とても大事だけれども、あまり触れられない問題がある。タブーと言ってもいいだろう。お金、税金の問題である。

私も含めた障害者はこの国で生きていく上で、健常者よりも多くの税金で支えてもらっている。これは事実だ。

障害者の社会参加が叫ばれて久しい。そして以前と比べれば多くの障害者が街中に出やすくなっていると思う。事実多くの人がこれまで以上に街中で障害者を見かける機会が増えたと思う。

これ自体は素晴らしいことなんだけれど、こうした環境を整えるためには、当然ながら多額の税金が注ぎ込まれている。もっとも、それは単に障害者のためだけではなく、高齢者の増加に対応したという面もあるのだろう。いずれにせよ、恩恵を受けている身としては結構なことだとは思うが。

資本主義の世界においては、突き詰めて考えると、平均的に生産性が低い障害者に多額の税金を使うことは「効率が悪い」とも言える。放っておけば、家にこもってしまいがちな障害者（や高齢者）を街中に引っ張り出すには、かなりの投資が必要になる。もっと言えば、我々をこの社会で生かしていくには、相当なお金が必要だ。個人差はあれどそのほとんどが税金で賄われている。

もちろん、こうしたお金は、日本のような国においては、一種の必要経費だということは言えるだろう。憲法で保障されている「生きる権利」や「公共の福祉」という観点から保障されるべきものである。それに、先ほどは高齢者についてだけ触れたが、昨今の交通機関や公共施設、商業施設等のバリアフリー化は、障害者や高齢者のみならず、幼児などのためにもなっているから疑問に感じる人も少ないとは思う。

しかし、これらはまだ目に見える形での税金の投入に過ぎない。実のところ、障害者といっても、私のように身体にのみ障害を持つ者もいれば（いや、舞台等を見てるとお前には他にも問題があるぞ、などとは言わないでください）、知的な思考や判断ができない知的障害の人や、なんらかの精神的な疾患がある精神障害の人もいる。さらに身体障害でありながら知的障害もある人も珍しくない。一口に障害といっても、人それぞれで程度が異なり、重度だったり軽度だったりする。

これらの人たち全員が暮らしやすくなるためには果たしていくらあれば足りるのか。皆に対応できる「バリアフリー」を実施したらどうなるのか。分け隔てなく、社会に進出するのには、どのくらいのコストが必要なのか。理想を進めていけば、おそらく気が遠くなるほどの額になるだろう。

「障害者も健常者と同じように社会に出て行ける環境を作るべきだ」

こういう意見に、表だって反対する人はそういない。私だって賛成だ。でも、皆どこかで、それにはとんでもない金がかかることを知っている。だから、とても大事なことなのに、「果たして障害者にいくら金を使っていいのか」という問題が、議論される機会は少ない。

もっといえば、高齢者は身体の衰えや認知症などを発症しない限り、定年以降も働いて金額はそれぞれ差はあっても納税することが出来るが、障害者の場合そもそも若いころから働くことも難しく、納税も一苦労だったりするから、税金を消費するだけ、になってしまうのだ（ちなみに私は働いて収入もあるので、ちゃんと税金は納めていますよ！）。

何となく、そのへんは「なかったこと」で物事は進んでいる。

**働かない方がいいのか**

私も含め日本のほとんどの障害者は、はっきり言って税金のおかげでかなり助かっていると思っている。もっと言えば、これがなければ、私に限らず、おそらく日本ではほとんどの障害者は生きていくことができないだろうと思う。

いや、より露悪的な表現をすれば、ほとんどの障害者は一言で言ってしまうなら税金で生かすしかない生き物なのだ。

なぜかと言えば答えは簡単で、障害者が健常者同様働いて稼ぐことができる環境が今のところ実現していない、するめども立っていないからだ。

一方で、普通の人が当たり前にやっていることだから、自分もやってみたい、というのは人情である。多くの障害者が、「自分も社会に出て普通に活動したい、働きたい」という感情を抱くのはもっともなことだろう。

何年か前に、ホリエモンこと堀江貴文氏がツイッターで障害者差別ともとれる発言をして話題になったことがある。

簡単に言えば、「障害者にも雇用を与えて、きちんと働かせたほうが良い」という意見に堀江氏が異を唱えたのだ。前者の意見は、「政治的に正しい」正論であり、良識あるほとんどの人が肯定するもの。そういう意見に対して、「本当にそうか?」とツッコミを入れたのが堀江氏だった。

「そういう人は働いたほうが社会全体の富が減って結果として自分も損するって事に気付いてない。生産効率の悪い人を無理やり働かせる為に生産効率のいい人の貴重な時間が無駄になっているのだよ」

労働は何のためか

という堀江氏の書き込みは、たしかに読みようによっては、「障害者が働くと迷惑」と言っているようにも取れる。ただ、本人によれば、「障害者だろうが健常者だろうが働いたらその分社会が損する奴がいる」というのが真意だという。要するに、「パフォーマンスが悪い」人は、働かないでいてくれたほうが社会全体のためになるし、巡り巡って本人のためにもなる、というのが堀江氏の考えである。

堀江氏が重視しているのは、要するに「費用対効果」だ。障害者が働ける環境を整えたり、働く機会を作るために他の健常者がやれる仕事をあえて障害者に譲ることで生産性が落ちれば、「パフォーマンス」が悪化する。それでかえって皆が貧乏になってしまうのではないか、という指摘である。

論理的に考えれば、その指摘は正しいようにも思える。堀江氏に論理で勝つのは難しいのかもしれない。

しかも、実はこの意見に対して、障害者の側から「自分も健常者と同じ条件で働くのは辛く、ホリエモンの意見に賛成」というツイートがあったのも事実である。

しかし、ここで大事なのは「働く」ということの意味だと思う。「働く」の目的が単純にお金を稼ぐため、社会全体で見れば富を生み出すためだと考えれば、費用対効果しか見る必要がなくなる。そうすると「パフォーマンス」が悪い人は、かえって邪魔になるかもしれないし、多くの障害者は「パフォーマンス」が良くないから、働かない方がいいということになる。

ただ問題は、人間の労働の目的をお金（や富）に限定していいのだろうか、という点だろう。そもそもお金のためだけじゃなく、働きたいという障害者は実は結構多い。

健常者であっても高齢者で、定年後も働きたいという場合には、お金以外に「やりがい」「働きがい」「社会貢献」「名誉」などを理由に挙げることが多いのではないかと思う。引退したあとの政治家がやたらと張り切っているのも、このへんが理由だろう。迷惑な人も多いが。

障害者の場合はどうか。実は金銭的なことと同じか、それ以上に「健常者と同じことがしてみたい」「社会との接点がほしい」「自分のやったことで誰かに喜んでほしい」といった理由で働きたい人が多いのだ。これが最近よく言われる「自己肯定感」なのだ。

堀江氏や、その意見に賛同する人の中には、

「別に働かなくても健常者と同じようなことはできるし、社会との接点だってできるだろうに」

と言う人もいることだろう。

でも実際に社会的な接点をなかなか持てないまま、何年、何十年と生きてきた多くの障害者からすれば、叫びたくなるはずだ。

「だったらその接点とやらを提示してくれよ！」

障害者が、格別健常者よりも勤労意欲が高いなんてことはあるはずもない。良くて同じくらいだろう。それでも普通に働きたいと思うのは、やはり社会の一員という気持ちを持ちたいからだ。逆に言えば、障害者が普通に生きていて社会との接点を持つことは簡単ではない現状があるのだ。

話がそれてしまったが、この世の中に障害者が出ていくためにはどうしてもお金も手もかかる。

ただ障害は千差万別だし、今の日本にはそんなにお金の余裕はない。

じゃあいくらまでなら税金をかけてもよしとするのか？　またそれはどの障害のレベルの人までにするのか？　それは本当に必要な人のためになるのか？　障害者に金をか

けるのと、貧困家庭の支援とどちらを優先すべきか？

改めて考えないといけない時期にきているのではないだろうか。

しかし、ここまでいろいろ書いているように、考えるにあたっては厄介なこともまた多い。だから障害者のタブー化はなかなか解決しないのである。

## 2　「タテマエ」を考える

### タテマエの弊害

タテマエについて考えてみたい。

誰もが知っている「裸の王様」の教訓は何だろうか。

王様の気持ちやらなんやらを大人が忖度して、タテマエばかり言っていたのだが、そんな大人の事情とは無縁の純粋な子どもが「王様は裸だ」と言った。真実を知った王様は恥ずかしくなって、城に逃げ込んだ――というのがもともとのストーリーだ。

「あの人は裸の王様になっている」と言うときには、「だから誰かが本当のことを言うべきだ」という意味が暗に含まれている。

我々お笑い芸人は、よくこの物語の子どもにたとえられることがある。世の中の権威

や タテマエを「いや、それウソだろ」とつっこむというパターンの笑いがあるからで、私も大変お世話になっているビートたけしさんは『裸の王様』という本も出している。

もっとも、タテマエが悪いかといえばそうとも言い切れない。現実の世の中では、本当のことを言った人が評価されるとは限らないのだ。日本の隣国あたりで、「王様の髪型は変だよ」と言ったら処刑されるかもしれない。そこまで極端な例ではなくても、日常生活でいちいち「その髪型、カツラみたいですね」「お前の嫁さんブスだなあ」などと口にする人は大昔の漫才じゃあるまいし、まずいないだろう。いたらどこかに問題がある。

タテマエに、社会の潤滑油という面があるのは事実なのだ。

とはいえ、障害者を巡る物言いでは、どうもタテマエが多い気がする。いやほとんどそうだ。しかも、それが潤滑油ではなくて、事の本質を見誤らせる方向に働いていることがあるのではないか、とも思うのだ。そのへんのことをこの章では考えてみたい。

**人間みな平等だが**

たとえば、次のような物言いがある。

「障害者は同じ人間であり、同じ人間である以上平等だ」

そう多くの人たちが長年主張してきた。私もそう思う。

ただ、これは人間としての価値は平等だ、と言っているのに過ぎない。

社会生活の上で他の人たちと障害者とを完全に平等に扱うことができるのかというと必ずしもそうではない。前述した税金や介護等、どうやっても健常者に依存せざるを得ない以上、これが障害者を取り巻く今の現実だと思う。

依存している上、大多数が健常者である以上、仕方がないところがある。少数派を基準にしては、効率が悪い。別にこれは障害者だからどうこうということではないだろう。

駅やホテルには、日本語の表示の他に英語が書いてあり、最近ではそこに中国語や韓国語も併記されるようになった。これもまた、その言語を理解できる人がどれだけいるのか、もしくはいないのかの問題である。

「なぜスワヒリ語を併記しないのか」

そう怒る人だっているかもしれないが、ほとんど読める人がいない（来ない）以上、

「気持ちはわかるけど、日本語が無理なら、せめてアルファベットを読めるようになってくださいよ」

といなされるのがオチだろう。

この理屈でいけば、少数派である障害者の方がある程度、世の中に合わせなければならないということになる。ところが、心身にハンデを抱えているとそう簡単にはいかない。英語は努力で何とか読めるようになるが、こっちはそうはいかないのだ。努力で済むなら私はとっくに自力で走り回っていることだろう。

だから、障害者側は健常者側に「障害者を暮らしやすいようにするべき」「障害者も働かせろ」と少数派である自分たちに合わせること、配慮することを要求してきた――大まかに言ってしまえば、これが戦後の障害者の歴史といっても過言ではないと思う。

しかしながら、現実はなかなか簡単に動かない。結局のところ、とても平等とは感じられない生活（あるいは人生）を送らざるを得ないのだ。

それでも、多くの障害者と周囲の人たちには、「いや、それでも僕らは平等なんだ！」「私たちは対等なんだ！」と広く世間に伝えたいと思ってきた。さらにまた、そうした状況に抗《あらが》って、自分たちを発奮させたいという気持ちも持ち続けてきた。

そんな心から生まれた言葉がある。

「障害は個性だ。ハンデなんかじゃない」

よく障害者関係の本やドキュメンタリーあたりに登場するこの言葉は、一見とても力強い。そして、これについてはあまり深く突っ込んではいけないような雰囲気すらある言葉でもある。つまりはまたタテマエである。

## 個性で片づけるな

障害というものはどう考えたところで病気や事故等、好ましくないことから起こるものだ。それをどうして個性などと呼べるのだろうか？　この問いに対して、まともに答えられる障害者は果たして何人いるのだろうか？

断言しておくが、私は絶対答えられない。というか、私はそもそもこんなものは個性だなんて思ったことはまったくない。

ここで記憶力の良い、しかもなぜか私の言動をマメにチェックしている読者が、このように突っ込むかもしれない。

「いや、お前の本のオビに『障害は個性だ』って書いてあるやつがあっただろう」

そう、実はかつて出した『身障者・お笑い芸人という生き方』という本のオビには、大きくこう書いてある。

「オレは自分の障害を個性だと思っている」

だが、言い訳しておくとこれはもともと私の本意ではなかった。

この本の原稿で「『障害は個性』とか自分が虚しくなるような言葉を使って何がうれしいんだろう? この言葉を使うことによって、世の中の何が変わるというんだろう?」と書いたところ、どういうわけか、担当者が「このフレーズをオビのキャッチコピーでぜひ使いたい!」と言ってきたのだ。そして、ツジツマを合わせるために、本文のその文章が削られるということになったのである。

オビに合わせて本文を変えるというのも、随分乱暴な話なのだが、その頃の私はまだ二〇代。「そういうものなのかなあ」と思って、言う通りにしたという次第。

しかし、ずっと私の中ではこの問題や、このフレーズはひっかかっていた。

そもそも、障害は果たして個性なのか?

個性などと簡単に言ってしまっていいのか?

## こんな個性は嫌だ

一般に個性というとどのようなものを指すのだろう。たとえば身体的特徴では「目が大きい」「足が長い」「背が低い」「お腹が出ている」とかそんなものが頭に浮かぶ。「足が速い」「勉強ができる」「口が達者だ」といった個性もある。

もちろんそれで悩んでいる人、コンプレックスに感じている人もいることだろう。一般的に言う「個性」も決してポジティブな意味だけを持っているわけではない。「異常に屁が臭い」「話が極端につまらない」なんて個性の人もいる。

しかし、そうは言ってもそれらと障害を抱えることが同じかというと、そんなものではないのではないか。

障害を抱えて生まれるということは、周りの人が当たり前にできることができないということだ。

障害を抱えて生きるということは、その現実を常に突きつけられ続けながら生きていくということだ。

私のように生まれたときから障害者だと、それが当たり前になっているからまだ受け入れやすいという面はある。

実のところ、本当に幼い頃は、自分が障害者だという自覚はそんなになかった。というのも、周りの子どもたちと普通に遊んだりしていたからだ。

もちろんその当時だって、手足は不自由だった。しかし、両親や同居していた祖母、さらには近所の人が本当に可愛がってくれていた。私が望めばいくらでも遊んでもらえた。

同じ団地に住む友だちともよく遊んでいた。彼らと私の身体が違うことは、さすがにわかっていたが、あまり深く考えなかった。鬼ごっこのときには、誰かが車イスを押してくれたものだし、プロレスごっこだって普通にやっていたくらいだ。私にはブレーンバスターはかけやすかったようだが、やられてばかりでもなかった。私は手足が使えない代わりに、背筋力は強かったので、相手にヘッドロックをかけられたら、そのままバックドロップに持ち込むことができた。歩けはしないけれども、延髄切り（もどき）を繰り出すことだってできたのだ。

自分が障害者だという意識を強く持つようになったのは、小学校（養護学校＝今の特別支援学校）に入ったあとだった。

この前まで遊んでいた友だちとは別の学校になって、周りは皆障害者だ。

皆車イスに乗り、会話が出来る子もほとんどいない。よだれを垂らし寝たきりなんて子も何人かいたりして、はっきり言って見た目も汚い。「オレはこれからこの人たちと一緒に学校生活を送るのか」と思うと、憂鬱になったのを覚えている。

こんな状況に、さらに追い打ちをかけるように養護学校の先生は、「皆は身障者だから、健常者の人より劣っている。だから、社会に出ると厳しい。人の何倍も苦労する」ということをことあるごとに刷りこんできた。

しかし、私は普段から健常者である近所の子たちと遊んでたから、その意見には、ものすごく違和感があったし、なによりそんなことを言う一方で、先生は「ハンデに負けずに外に出よう。街に出かけよう」なんて言うのだ。これでは誰も外になんか出かけたくなくなるというものだ。

こうして物心がつくにつれて、幼い頃には意識していなかった「違い」を実感するようになった。

周りと自分とを比較してうらやましいと思うことは小学生のころはほとんどなかったけど、中学生になり思春期を迎えたころからは、すごく感じるようになった。

近所の友だちと会うと、部活に打ち込んでいたり学校の友だちと遊んでいたり、中には彼女が出来たものもいて、それらのことが私が通っていた養護学校では出来ないのである。部活はスクールバスで皆で一緒に登下校するため強制的に入らなければならないもので、しかも障害の種類や程度にばらつきがありすぎて、とても一緒になんか出来ないのだ。

私は「オセロクラブ」に所属していたが、対戦する子はそもそもオセロのルールを理解できないので、私が相手のぶんまで考えて打ってあげていた。これならテレビゲームでやった方がよっぽど楽しいし、強くもなるだろう。

彼女もすごく作りたかったが、恋愛対象になる子は周囲には皆無だった。

私ですらこんな感じだったのだから、ましてや物心ついてから病気や事故等で障害を抱えてしまった人は、ついさっきまでできてたことが急にできなくなり、そんなことが、毎日、毎時、当たり前のように起こる。そんな現実を受け入れながら生きていかなければならない。

こういう現実をまったく葛藤なく自然に受け入れられる、なんてことがあり得るだろうか？　時間が解決してくれるというのだろうか？　あらゆる障害者が葛藤を経てなんとか受け入れている、あるいは受け入れようとしながら日々生きている。

だから、これを個性だなんていってていいのだろうか？　という疑問がぬぐえないのである。

## 治せるものなら治したい

批判を恐れずに乱暴に言ってしまえば、私自身は、そもそも機械でいえば不良品だと思っている。この言い方にすごく反発する当事者もいるだろうから、こういう風に言い換えてもいい。

あなたがそうだとは言わない。しかし、私自身は機械でいえば不良品だと自分のことを思っているのだ、と。

機械ならば捨てられてしまう可能性が高い。でも人間の場合そこに感情があり、生まれてすぐには無理だけど意思を伝えることもできるから、なんとか家族や周囲が生かせてくれた、そういう存在だと思う。

誤解しないで欲しいのは、だからダメだと言いたいのではない、ということ。健常者より劣った存在とも思わない。同じ人間として平等だとは思う。

だけど、否、だからこそ障害は個性でもなんでもない、と強く言いたい。そんなきれいな物言いで、片付けないで欲しい。それでは私たちの本心はわからないはずだ。少なくとも私には強い違和感がある。

だってもし、治せるものなら障害なんて絶対に治したいし、他の障害者も治すべきだと私は心から思っている。

ただ、そんなことを言っても仕方がないこともわかっているし、またそういうことを言われた方も困るだけだから、普段口には出さないが、強く思っている。


余談だが、前に何かの取材のときにこんなことがあった。

記者はこちらの真剣な思いや考えをきちんと理解してくれるとは到底思えない人だった。だから多少の不信感はありつつも、とにかく記事になったときに読者の人に何かこちらの考えが多少なりとも伝われればと思い真剣に話していたら、最後に記者がこう聞いてきた。

「じゃあもし青山さんが今手が動いたら何をしたいですか」

そこで、

「まずオマエを殴りたい」

と言ったら、その記者は大笑いしていた。まあ別に本気で殴りたかったわけでもないのだが。

## 多様性のために生きているのではない

さて、そうは言っても、「障害は個性だ」式の物言いに効用がなかったわけではないのだろう。私のように「不良品」だと言ってしまえば、「じゃあ要らないじゃん」ということになりがちだが、「個性的な商品」「癖のある商品」くらいならば、「捨てるほどじゃないよね」となる。その意味で、社会が私たちを受け入れるためのキャッチコピーとしては、たしかに意味があったのかもしれない。

実際に、社会的には「障害者を受け入れよう」との言葉が盛んに聞かれるようになった。

これ自体はもちろんいいことだと思う。

しかしここでまた私はひっかかってしまうのだ。受け入れる理由である。

よく言われるのが、

「健常者だけではなく障害者もいる社会のほうが良いのだ。多様性のある社会のほうが望ましいのだ」

というもの。

別に揚げ足を取りたいわけではないが、やっぱりちょっとひっかかってしまう。まず、私たち障害者の存在意義は、社会の「多様性」のためだけなのか？　そういう「多様性」があるほうがいい、だから「社会のため」になる。それで必要とされるのか？　という点である。

「社会のため」というのは障害者の存在の意義づけとしては聞こえはいい。しかし、取りようによっては、「社会のため」だからいい、ということは、「社会のためにならない」と判断されたら障害者はやっぱりいらないということになるのだろうか、とも思えてしまう。障害者に限らず、そもそもこれまで「社会のためにならない（であろう）」という人をことごとく排除してきた結果として、今日の社会は成立しているのでは、なんて皮肉すらいいたくなる。それに単純に、個々の障害者を見たときに、「社会のため」になっていると言い切るのは無理があるんじゃないの？　とも思う。

何度も言うが、言う側を非難したいわけではない。後でまた触れるが、私も「多様性」が大切だと真剣に思っている。

でも、何となく言葉に重み、真実味を感じられないでいるのだ。どこまでの経験や思考の末に、そういう言葉が出てきたのかがちょっと見えない。

「障害者も社会参加させよう」と言ってくれる善意の人たちも、結局こういう説得力のない弱い動機付けしか口にできないというのが現状なのではないだろうか。「障害者はあまり役に立たないだろうけど、労働人口もこれだけ減ってきているし、障害者自身も社会参加させろってずっと言ってるし、とりあえず社会に入れてみるか」という程度という感じに思え、極めて消極的な印象がある。

別に「彼らはキレイごとをいっておいて、内心では障害者を排除しようとしている」などと訴えたいのではない。

しかし、結局のところ善意の人たちも、実は社会参加させようと思っても実際に障害者が社会を構成する一員に加わったところで何ができるのかよくわからない、わからないから期待も持てない、ということなんだと思う。

## 一口には言えない

障害者とは一体何なのか？　これは一口には言えない。というか言えるわけがない。そして、この「一口には言えない」というのが、私が「障害は個性だ」「多様性が大事だ」という物言いに抵抗を感じる最大の理由なのかもしれない。

前述したように障害者といってもいろんな障害があるし、しかも同じ障害でも程度の個人差もあり、似ている人や近い人はいたとしても「障害者」という一言で括《くく》れる人なんて一人もいやしない。というか、障害者も健常者と同じ人間なのだから話は簡単で一人として自分と同じ人間なんてこの世に存在しない。

もちろん現実問題としては、そんなこと言ったって福祉サービスを提供するなど便宜上ある程度のカテゴリー化が必要だ、という理屈はわかる。しかし、社会参加という観点で考える場合は、この「障害者」というカテゴリーはあまりにも大きすぎるし、なおかつ障害者というものの理解への妨げにさえなっていると思う。

要はこういうことだ。

「多様性」を尊重するのならば、まずは「障害者」という大雑把な括りを捨てる必要があるのではないか。

目の前の個々の人たちを知る努力をしなければ障害者のことなんて何も理解できない。これは健常者についても、まったく同じだろう。

そして、そういう努力をしている人が非常に少ないんだと思う。だから、「障害者の社会参加」と聞いても、本気でやろうとしているのか、それともいつかそうなるためにとりあえず目標を掲げておこうということなのか、はたまたとりあえず言っておこうという程度なのか、私は考えてしまうのだ。

結局、障害者として生きていてすごくよくわかるのは、障害者の前に提示されるのはほとんどキレイごとだけのタテマエだということだ。

「障害は個性」なんて本当は思ってもないくせに言う人がいる。「障害者の社会参加」なんて本気でさせようと思っているわけでもないのに言う人もいる。

やっぱりタテマエが多すぎるのだ。

これは私だけのひねくれた見方ではない。障害者自身や周囲の切実な問題として向き合っている親族など「障害者の社会参加」に真剣に取り組んでいる人たちが一番感じていることだと思うし、よくわかっていることだろう。

こういうキレイごとだけが横行している間は、結局物事は何も進まないと思う。

## ボランティアが障害者を弱くする

障害者を支える人たちの中にはボランティアがある。このボランティアというのもまた、タテマエと大きく関係した存在だと思う。

ボランティアの存在は昨今、災害が続いていることもあり、これまで以上にクローズアップされている。障害者の介護等のサポートに携わってくれるボランティアの人たちも少なからずいる。

この人たちの動機は基本的に善意である。介護等のサポートを通じて障害者の人たちに喜んでもらおうと思って来てくれているんだろうし、その善意は決して否定してはいけないと思う。

でもなあ、と思うこともあるのだ。

実際に身体的な介護があまり必要のない知的障害者等は助かっているという話も聞くが、ある程度の技術や専門性が必要な身体介護を必要とする身体障害者（身障者）に対しては、実際にどこまで役に立っているのだろうかという疑問がある。でも、それは言ってはいけないことになっている。

災害時のボランティアは専門性よりもむしろ人手が必要なことがある。たまった土砂をシャベルで運んだり、がれきを片づけるといった仕事には、あまり複雑なノウハウは必要ない。

だから、やる気と体力のある人であれば、どなたでも大歓迎という面もあるかとは思うのだが、身障者相手の場合は意外とそうでもないことが珍しくないのだ。介護に関わる以上、それなりの専門性が求められる。また、関わっている間は、相手の生命を預かるという意識も必要となる。

ボランティアの人たちの善意は疑わないものの、本当に皆が皆そういうことをわかっているだろうか、と思ってしまうのだ。

私は自分で訪問介護事業所を経営しているので、余計にこう思ってしまう。そんなに我々に関わる意欲があるのならば、ボランティアとしてではなく、ちゃんと資格も取ったうえで介護の仕事に携わってもらいたい、と。

もちろん、プロの介護の人たちばかりでなく、いろいろな人が支え合うのはいいことだ。そもそもプロの介護者が不足している現状を考えると、出来る限り多くの人たちに裾野を広げる上でボランティアの存在は非常に大きいことはよく分かる。また、そこまで専門性を有さない部分で、例えば外出したいんだけど一人では困難、という身障者がボランティアを募集していたりするのを見たり、実際に来てもらってとても助かったという声も聞く。だからそういった面では役に立っているのだろうけど、はっきり言えば、ボランティアという善意だけでは支えきれないのが障害者だと思う。

「善意に支えられる」といえばすごく聞こえはいいけど、支えられる側からすれば、これほど惨めで情けないことはない。また、善意というのはあくまで相手発信のものであり、障害者側からは何もできない。何もできないものをひたすら待つ、あてにするというのは、これほどあてにならなく弱いものはない。

それでも、障害者側からすれば「プロの介護の人たちの手が足りない中、せっかくやる気を持ってくれているのだから」という気持ちがあるので遠慮をせざるをえない。うっかり余計な事を言ってしまったら反発を買うこと必至だ。ボランティアの側からすれば、「良いことをしようとしてるのになんで文句いわれなきゃいけないんだ」ということになってしまうだろう。

でも、この「良いことをしようとしている」というボランティアの人たちの思いこそが実は問題を余計こじらせているんだと思う。

## 私が見たボランティア

私自身も過去にボランティアの人とは何度も遭遇している。

一番印象に残っているのは小学生のころに出遭った人だ。

学校からの案内で地元の福祉イベントに家族と行った。というより行かされた際に、家族がいるのになぜかボランティアのおばさんがついた。このおばさんがやたらと私をかわいがってくれる。車イスに乗っていてかえってその方が楽なのに、「だっこしてあげる！」とやたら言ってくる。

私は幼心にも、見ず知らずの人がそばにいるのが嫌だったし、それに小学生にもなって、だっこなんかされたくないよと思い、「いいです。大丈夫です」と断っていたのだけれど、あんまりしつこくて断り切れなくなり、なかば「もう勝手にしろ」という思いで承諾したが最後、おばさんは私をだっこし、ひたすら頬ずりしたり、頭はもとより全身を撫でまくる。

今考えれば、ヘンな気でもあるんじゃないか？　と思いたくなるような行為である。しばらく耐えていたが、何分経っても一向にやめないこのボランティアに、ついに私も我慢の限界に。

大声で家族に助けを求めたら、そばに来た母は、

「アンタをあんなに愛してくれるんだから、そのまま貰われて行っちゃえば良かったのに」

と言いながら笑っていた。家族も気づくぐらい怪しい行為だったのである。

また、この仕事をしてからも一度だけある営業先でイベントの主催者がボランティア団体と接点があったようで、私にも勝手にボランティアをつけてくれたことがあった。当時はマネージャーはまだついていなく、でも身の回りのことをやってもらうためにアルバイトを雇っていて、当日も私と二人で行くと伝えてあったにもかかわらず、だ。

そのときやっていた雑誌の連載の件で、その担当者とも現地で合流したのだが、いざ楽屋で打ち合わせをしようとするとそのボランティアの人がいちいち会話に入ってくる。最初は出来るだけ無視するようにしていたんだけど、何を話していても入ってくるためまったく打ち合わせにならず、仕方なく私から「今日はバイトの子もいるし、ボランティアは結構なので」とやんわり伝えたら「ああそうですか」と残念そうに言って楽屋から退出してくれたのだが、このあとも、ほぼ五分ごとに楽屋に入ってきて、何事もなかったようにまた会話に入ろうとする。その都度「すみませんが」と伝えると「ああ打ち合わせですね」といって退出する。これの繰り返しが、結局帰るまで続いたということがあった。

そういえばこんなこともあった。小学生のころのことだ。

遠足の際に先生の手が足りないということでボランティアを呼んだらしいのだが、若い男性のボランティアが私のそばに寄ってきて、

「オレ、今日あの一緒にボランティアで来た女の子と会いたくて来ただけだから、オレにはとりあえず何も頼まないで」

と耳打ちしてきたのだ。これは小学生でもどれほどひどいことをいっているか分かる。結局この男性は、遠足の間中、意中の女の子のそばに張りついていて、ボランティアらしい事は一つもしないで帰っていった。

この男性はさすがに特殊なケースだと思うが、前の二つの話などは障害者のためというより完全に自分の善意を押しつけて、ただ満足しているだけなのだ。先ほど「ある程度の技術や専門性が必要な身体介護を必要とする」と書いたが、私が遭遇したボランティアの人たちは専門性以前の問題だろう。

でももし、あのときの私がトイレに行きたくなったりでもしたら、このボランティアの人たちにお願いせざるを得なくなる。そうなったときに、この人たちはきちんと対応してくれるんだろうか？　私ははっきり言ってとても安心して身を任せられない。

これに対しプロの介護者はあくまで仕事なので、基本的に自分の思いではなくまず相

手のニーズを知ろうとする。そしてそのニーズに時間などの制限がある中でどう応えるかを考え実践する。

むろん、ボランティアの中にも高い意識を持っている方もいるとは思うが、そうであるならぜひボランティアでなく、きちんと資格を取ってプロの介護者になってほしいと思ってしまう。

障害者が働いてお金を稼いで自分の身の回りのことを支えてくれる人を雇えばそんな善意にすがる必要もなくなるが、そんなに簡単に働いたり稼いだりできるわけでもなく、善意に支えてもらわないとどうしようもない現実もある。

「障害者の社会参加」が本格的に進んでくれれば、ミエミエのタテマエはなくなっていくと思う。障害者のボランティアの意識やボランティアそのものも変わっていくと思う。改めて考えないといけない時期にきていることは間違いない。

## 3 「社会進出」を考える

### セックスボランティア

私が生まれるよりはるか前からずっと、「障害者の社会参加」や「障害者の社会進出」ということが当事者やその周りの人たちから叫ばれ続けてきた。

実際に何がどう変化してきたのだろうか？

進んだことはそれなりにある。私自身の実感としても、ここ二〇～三〇年くらいの間で日本全体の高齢化に伴い都市部を中心にバリアフリー化が進み、結果、街中で高齢者だけでなく障害者を見かける機会が増えたことは間違いないと言える。多くの駅にエレベーターやスロープ等が設置されていて、電車が来ると、ホームに駅員さんが来て、スムーズに車イスの乗降を手伝ってくれる。そんな光景は今ではわりと珍しくないものになりつつあるが、それをもって良くなったといえるかといえば、決してそんな簡単な話ではない。

そもそもバリアフリーなんて言葉自体、そう古くからあったものではなくて、私たちが子どもの頃の「バリア」といえば、友だち同士で鼻くそなど汚いものから自分たちをガードするためにイメージで口でいったり、宇宙人から身を守るための透明な壁のことを指したものである。

調べてみると、全国紙に初めてこの言葉が登場したのは、一九九二年。読売新聞三月四日付朝刊の「増える『バリアフリー』商品　障害者も健常者も手で触ってすぐわかる」という記事が最初のようだ。当然、この時には「バリアフリー（障壁を取り除いた、の意）」と註釈が入っている。

ちょうどこのバリアフリー化が本格的に進んだころは、高齢化に伴い介護保険制度が始まり、高齢者や障害者の「福祉」というものの必要性が世間的に大きくクローズアップされたころである。私のデビューは一九九四年と、まさにそうした時期だったので、世の中の関心の高まりはなんとなく感じていた。まあ、そもそも高齢者と障害者という、ニーズに根本的なズレがある者たちを「福祉」で一括りに括ってしまっているところにいろいろ問題もあるし、正直一過性のブームのようなもので、長くは続かないと冷めて見ていたが。ただ、ちょうどこの時期に私が芸人になれたこともそうなのだろうが、障害者の発言に世間が耳をかたむける機会が増えたことで、いろいろな障害者がいる中で少なくとも身体の障害を抱える人たちのニーズはある程度認識されたと思う。これは大きな進歩だったと今になって思う。

障害者のニーズといってもただ単に「街に自由に出られればいい」というわけでもなく、障害者も健常者と同様に働きたかったり遊びたかったりするんだというごく当たり前のことが浸透したということだ。

その後、その障害者の多様なニーズを象徴的に示すものとして、メディアなどで取り上げられるようになったのが「性」に関する問題だった。特に話題になったのが、二〇〇四年に刊行されたノンフィクション作家の河合香織氏の『セックスボランティア』という作品。性風俗店を利用する障害者や、障害者専門の風俗店に関するエピソードが描かれたノンフィクションである。これまでノンフィクションに限らず、ほとんど取り上げられなかったテーマに正面から切り込んだ、ということで大きな話題を呼び、セールスもかなり良かったという。この「セックスボランティア」という言葉そのものが定着したため、今ではこの言葉をタイトルに使ったAVまで作られているくらいだ。「障害者にも性欲はあるし、それで悩んでいる」ということを広く知らしめたという意味で河合氏の功績は大である。

しかし、実はその三年前に、同じテーマに正面から取り組んだ本があることはほとんどの人が知らない。『UNIVERSAL SEX』という、その画期的な本の著者は、何を隠そう私、ホーキング青山である。

障害者本人が、この問題について赤裸々に書いたという意味で、また何よりあまり深刻にしないであくまでお笑いで障害者の性について書いたという意味ではいい本だと思うのだが、しかし時代の先を行き過ぎたのか、笑いがありすぎで「バカにしてる」と思われたのか、はたまた私より河合氏の方がかわいかったからか、『セックスボランティア』ほどの反響は得られなかったのである……。

ともあれ、二〇〇〇年代前半には、こういうテーマも表で語られるようになった（そしてついには、乙武氏の働きによって「障害者のセックススキャンダル」まで報じられるようになったのだが、これはまた後で触れることにしよう）。

## 『バリバラ』への違和感

もう一つ、少し前まではタブーだったけれども、かなりそれが破られた感のあるテーマが、「障害者と笑い」だろう。

「障害者の社会進出」という時に、多くの人がイメージする障害者は間違いなく私のような人間ではないだろう。決して人様に毒づいたりはしない、もっと控えめで、素直な人に違いない。

私はそれらのニーズとはちょっと違うところで「お笑い芸人」としてデビューしたのはすでに述べた通り。「障害者」というと、綺麗事だらけの聖人君子のようにしか描かれない存在だったころだった。

下ネタも差別ネタも平気で話したり、書いたりする私は明らかに異質な存在だった（今もだが）。そのためかなりメディアでも取り上げられ、デビューして一年もしないうちにテレビのドキュメント番組で紹介されたり、出版の話が来て実際に本を出したり、新聞や雑誌等の主要なほとんどのメディアに取り上げられたり、ずいぶん名前を売らせていただいた（ただこれは、ホーキング青山よりもっと綺麗でスマートな乙武氏が出てきたら一発でそっちに持っていかれたのだが）。

そのころの私は、意識的に毒を多めに盛り込んだ障害者ネタをガンガンやっていた。それは私が芸人として自分の強みを考えた結果である。最近、そういうものがいまだにウケるという状況があることを知り、その点については、ものすごく違和感がある。

NHK-Eテレでは『バリバラ』という番組が定期的にテレビで放送されている。『バリバラ』とは「バリア（障害）」と「バラエティー」を結び付けた言葉だ。

この番組は、身体障害者、知的障害者や性的マイノリティー等に関するテーマを扱っている。これまでテレビでは主に「ドキュメンタリー」か「ドラマ」でしか扱われなかったテーマを、笑いもまじえて取り上げるという趣向で、その斬新さが受けてか、結構話題になることも多い。

障害者と性、もしくは障害者と笑い、どちらも私がこれまで語ってきたテーマである。しかし、この番組に私は出たことがない。

「お前が下品だからだ」

「放送禁止用語を言いそうだからだ」

そんな声が聞こえてきそうだけれど、そうではない。この『バリバラ』、実は最初の特番の際に私にも出演依頼が来た。でも断ったのだ。

「もう自分は、そんなことをすでに二〇年以上前にやっているし、今さらわざわざテレビでやりたくないから」

これが断った理由だ。

この話が来たときに、「芸人なんだから受ければ良かったのでは？」と言う人や、「あの番組で青山さんがどう暴れるのか見たい」と言ってくれた人もいた。芸人としてテレビに出られるのは、犯罪以外ならこれほどおいしいことはなく、ましてNHKだから、Eテレとはいえ影響力はかなりのものだろう。だけど、出演者がよほど強く、そして本気でやらないと「障害者の笑い」なんて「身体が不自由なりに人様を笑わせようと一生懸命頑張っている」というだけのレベルになってしまう。

数字が第一の民放なら相当強力な体制を敷いてくれるか、はなからこんな番組をやらないかだろうが、NHK-Eテレの福祉番組では、そこまで冒険することはまず無理だろう。そうなると結局中途半端な普通だったら「バラエティー」と呼べる水準に達していないものが「障害者のバラエティー」として流れることになる。そこの中心にいるのは絶対に嫌だ、という思いから出なかった。

番組が始まると、いろいろな形で話題に上っていたので「案外やるかな？」と少し期待もしていたのだが、結局番組は私の予想の範囲内に収まっているように見える。だから、やっぱり出なくて良かったと思っている。

**今さら感**

もう少し丁寧に説明してみよう。『バリバラ』という番組自体を否定するつもりはさらさらないのだけれど、個人的にはどうしても「今さら」感が強いのだ。この番組が話題になるほどに、

「なんだ、結局、何も変わっていないのか」

という無力感に襲われてしまうのである。

じゃあどう変わればいいと思っているのか？　それは繰り返し述べているように、障害者にもさまざまなニーズ、欲望、事情がある。これは健常者と同じ。そして、社会には一定数必ず障害者がいる。街に、駅に、学校に、会社に普通に存在している――この大前提が世間の当たり前として認識される状況になっていくということだ。そうならなければおかしいと思っている。

決して障害者のニーズが全部通るべきとかそんなことを言っているわけではない。そういう多様なニーズがあることを、いつまで新鮮に受け止めているのか。そこに戸惑ってしまう。ひっかかってしまう。これが私の実感だ。

なぜ二〇年以上前から私も含めいろいろな声が上がっているのに変わらないのか。私にしてみれば、本気で変えようとしている人が少ない、ほとんどいないということなんではないだろうか、と思えてならない。

皆、当事者たちが、これまでのうっぷんを晴らすように、言いたいことを言って、とりあえずスッキリして、それで終わってしまう。だから世間の障害者に対する認識が変わらないんだと思う。

『バリバラ』は、障害者の思いを改めて世間（の一部）に届けたという意味で一定の意義はあるのだろうが、一方でそういう番組が作られ、「刺激的」「タブーを破った」と評価される状況にはどうしても違和感を抱いてしまう。だって、もうそんなタブー、ずっと私は破ってきたし、他にもそういう人は数多くいた。それでも常に、障害者を扱うことそのものが「タブーを破った」扱いになっている。どこか変なのだ。

何度も何度も、私やいろいろな人が「タブー」を破る。そのたびに、世間も「なるほど」と言う。

それからしばらくすると、また何もなかったかのように「タブー」が破られる。あれ、その件、この前も話したよな？　こっちはそう思うのだけれども、世間は気にせずに「タブーを破った」と評価する。そんな状況がずっと続いているのではないか。『バリバラ』がスタートしたのは、二〇一二年だ。それからずーっとタブーを破っているのか。タブーって一体何枚あるのかね、と嫌味の一つも言いたくなるではないか（繰り返すが番組を批判しているのではないので、念のため）。

「じゃあそういう状況を変えるためにオマエは何をしてきたんだよ？」

そう突っ込まれそうだが、私はだから芸人として全力で頑張ってきた、と言える。「売れてねえじゃん」と言われたら「ゴメンナサイ」というしかないのだが。

はっきり言って、障害者全般のために社会運動なんてする気はさらさらない。まず一端《いっぱし》の芸人になることが先だと常に思ってきた。芸人として一人前にならないとどうにもならない。私はあくまで芸人として大成したいのだ。

もちろん、もっと障害者が当たり前になり、『バリバラ』が必要なくなる、そういう世の中になればいいという思いはある。

ただ、もう少し自分の考えを言えば、まっすぐに正論を主張するよりも、一人の芸人として広く世の中全体に認知された方が、結果的に自分の姿を通して障害者への認識を変えることにもなるんじゃないか。そう思っている。その考えは昔も今も変わらない。

いくら正しいことを言っても、主張だけでは、結局その主張に耳を傾ける人だけにしか伝わらない。極端に言えば、障害者とか社会福祉に興味のある人にしか伝わらないのだ。そして、そんなことに興味のある人なんて世の中では極めて少数派なのだから、これで世間を社会を変えようとしても、それは無理というものだろう。

だって、「障害者も普通の人間だ」と言えば、多くの人が「そうでしょうね」と答えるだろう。でも、それが実は当たり前にはなっていない。そこが問題なのだ。

**何のための笑いなのか**

『バリバラ』では、障害者（厳密に言えばマイノリティー全般）のお笑いのコンテストを年一回やっている。

ここには、さまざまな障害者が出てきて、いろんなネタを披露している。でも、明らかにプロではない出場者がほとんどだ。その多くが、他人を、お客さんを笑わせることを第一義としていない。彼らの目的は、笑いを通じて自分たちのことや自分が抱える障害を理解してもらうことだ。

これを障害を知ってもらうための一つの啓蒙活動としてとらえれば、素晴らしいことだと思う。真面目な話ばかりされるよりも、笑いを交えることで障害への理解が飛躍的に進むことは、実際に大いにありえる。その価値を私は否定しない。ただ、これは、あくまで「啓蒙活動の一環」であり、「お笑い」ではない。また、さきほどの正論と同様、あくまで福祉に関心のある人たちにしか届かないものだ。

もう一つ気になるのは、この企画をM－1グランプリ（吉本興業主催の漫才日本一を決める大会）になぞらえて「S1」と称していたり、ゲストに呼んだプロの芸人さんたちにそれなりに演者を褒めさせたりしている点だ。一歩間違えると、笑いを取ることを第一義としてやっていないにもかかわらず、まだやり始めたばかりで当然技術的にも劣る彼らに、すでにいっぱしの芸人になってしまったと錯覚させかねないことはどうにもひっかかるのだ。

彼らの多くがやっているのが、「啓蒙活動」なわけで、どこまでいっても「お笑い」「演芸」としては評価できないし、もっと言ってしまえば話芸である漫才を言語障害を抱えながらやろうということ自体、無理があるし、それ自体話芸でもなんでもない。ここで一緒に出ているプロの芸人さんが、「もっと滑舌をよくしろ！」なんてダメ出しをしたら、私は先輩後輩を問わず、その人を心から尊敬して、一生ついて行くつもりだ。

繰り返すが、「啓蒙活動」なら構わない。しかし、それならばテレビの「バラエティー」、そもそも「お笑い」という同じ土俵に上がるべきではない。

私自身、自分で主催するだけでなくいろいろなお笑いライブに呼ばれて出ているが、初めのころはまず出て行くだけで引かれた。車イスに乗っているというのはそれほどマイナスなのである。

そこから笑いに持って行くのは並大抵のことではない。例えば漫才師が揃いのスーツにネクタイ、落語家が着物、手品師がタキシードを着ていれば、どんなに無名でも芸人ということはすぐにわかる。だからお客さんもとりあえず笑う準備をしてくれる。私の場合、それが一切ないのだ。だからツカミはかなり強めのネタを持ってくるようにする、など工夫してやってきた。

そういう経験を積み重ねているから、やはり『バリバラ』のお笑いは違う、と言わざるを得ない。曲がりなりにも二〇年以上、舞台に立ってきた立場の人間としてはそう思ってしまうのである。

**パラリンピック**

同じような違和感を持つのがパラリンピックである。障害者が人前で表現する場として、もっとも華々しい舞台の一つがパラリンピックだ。

これも今では「オリンピック・パラリンピック」と併記され、同時期に同じ場所で開催されるのが当たり前になっているけれども、そうなったのはそう昔の話ではない。障害者の国際スポーツ大会そのものは二〇世紀の最初の頃からあったが、オリンピックと同時期、同一都市で開催されるようになったのは、一九六〇年のローマ大会から。その次の東京でも同様に開催されたが、その後は別々になって、今のような形になったのは一九八八年のソウル大会以降なのだ。「パラリンピック」が正式名称になったのもこの時だ。

ご存知の通り、今ではオリンピックのあとに開催されるパラリンピックはテレビや新聞でもかなり大きく扱われるようになった。メダルを取れば、賞賛されるし、アイドルがインタビューに来ることもある。

障害者が何かをやってあれだけ注目されることは他にまずない。日本では、二〇二〇年に東京パラリンピックがあるから、これからさらに世間の関心が高まるだろう。

実に結構な話なのだが、ここでもまたあえて言いにくいことを言おう。

私はパラリンピックのなかで、すべてではないが一部の競技や選手を見ていると、健常者と同じレベルで勝負できない逃げというか言い訳というか、そういうものがどこかにあるような印象を持ってしまうのだ。

現状では、多くの人がパラリンピックを見たり、関心を持ったりする理由の一つに「身体にハンデを抱える人の頑張る姿を通じて感動したい」という気持ちがあると思う。

でも、この認識が提供側や選手たちにもあるうちは、だめなのではないか。結局、身体にハンデを抱えていなければ、競技のパフォーマンスや頑張る姿だけでは感動させられないということになってしまう。それじゃあどうしたって、パフォーマンスや頑張る姿だけで感動させているオリンピックより一段下ということになってしまう。

これがS1とどこか通じる問題なのはおわかりいただけるかと思う。

ただ、前回のリオパラリンピックではちょっとした異変があった。目の不自由な人たちの陸上男子一五〇〇メートル走で、一位から四位までのパラリンピック選手のタイムが、同競技のオリンピック選手の一位を上回ったというのだ。つまり、四人の視覚障害者がオリンピックに出ていたら、メダルを独占していたかもしれないというのだ。これは驚きの快挙である。

そして、理想を言えば、これこそが目指すべき状況なのだと思う。

パラリンピックはもともと、傷病兵のリハビリで始めたもので、オリンピックとはまったく別物だった。しかし、今後こういう結果が増えてくれば、障害者と健常者が同じ土俵に立ったらどうなるのか？　障害者は健常者にどこまで対抗しうるのか？　という関心も少なからず湧いてくるのではと期待してしまう。同じ土俵で戦える実力がつけば、たとえ健常者との対決がなかったとしても、パラリンピックが一段下という風には見られなくなるだろう。

実際に健常者と同じ土俵で勝負したいと思っている障害者の選手たちは多くいるはずだ。ロンドンオリンピックとパラリンピックの両方に出場した南アフリカの両足義足の選手もいたし、その後もオリンピックとパラリンピックの両方に出場する選手は増えてきているようだ。今後このオリンピックとパラリンピックのボーダーは、競技にもよるだろうが、なくなっていく方向に時間はかかってもなっていったらいいのになと思う。

## 先人がいない苦労

人前で表現をするということは、その表現自体が評価されるべきであり、それ以外のことが評価された段階で表現自体はすべて否定されたといっても過言ではない——と言えば、言い過ぎだろうか。理想論なのだろうか。

しかし、私自身が障害者の芸人としてやっていて、お客さんの偏見や同情等の意識と常に戦ってきたという自負はある。お笑いのライブで、ネタが純粋にウケて「面白い！」と褒められるのか、「身体のハンデを抱えながらもお笑いの舞台に上がって頑張っててエラい！」と褒められるのか。同じ褒められても天地雲泥の差だ。後者を狙うのならばとてもラクなのだ。

幼稚園の学芸会ならば、出演者は台詞をちゃんと覚えて、言えるだけで褒めてもらえる。でも、芦田愛菜のようなプロの子役は、演技力で評価される。それでギャラも変わってくる。

私はデビューしたときから、障害者であっても、プロとして通用することを目指してきた。

しかし、芸人の世界ではそういう障害者のプロの前例はなかった。前例がない中でやってきてわかったのは、ほとんどのお客さんは障害者自体をそんなに見たことがなく、ましてや障害者の芸人なんて見たこともなくどのように見ればいいかわからないから（普通に見ればいいだけなんだけど）、戸惑ってしまうということだ。デビューしたころはそんなお客さんに対しどうすればいいかこっちもわからず、お互いに戸惑ったままなんともイヤな空気で終わるなんてことがずいぶんあった。

そんな空気をなんとかしたいけれども、その術がまったくわからず右往左往するばかり。それでも回を重ねていくうちにだんだんコツがわかってきて、やがてそのお客さんの戸惑いを如何にぶち破り普通に笑うように持っていくかが一つの快感になった。そうなるには五年くらいかかったが、本当にそれまではしんどかった。

お客さんの前で表現をする者として、身体のハンデの有無と関係なく、芸人だといって出ている以上、芸を披露することは当然だ。しかし、問題は、お手本がいないことなのだ。私をデビューさせてくれた大川興業は当時から世間的に見れば、かなり極端な人が多くいた団体だと思うけれども、それでも健常者揃いには違いない。

この世界に入ったばかりなんだから右も左もわからないのは当然なのだが、それに加えて誰かにアドバイスを求めようとしても、何せ前例がないのだから相談できる相手だってそう簡単に見つかるわけもない。すべてを手探りで一つひとつ見つけていかなければいけなかった。これは並大抵のことではなかった。この点は本当に苦労の連続だった。

例えばなにかわからないことがあって質問しても、ハンデを抱える故の特殊な事情が相手に伝わることはまずない。だからその点は一切無視したような答えしか返ってこない。先輩だろうが大御所だろうがこればかりは関係ない。これは応用しようとしてもなかなかできるものではなく非常に難しい。

一番悩んだのは、何と言っても舞台に出ていくだけでお客さんに引かれてしまう状況になってしまうことだ。これについては、かなりいろんな人に相談して、「ツカミが大事だから」「とりあえず『笑えよ!』と一喝したら」「車イスをデコレーションしたら」等々、いろいろなアドバイスをいただいたものである。しかし、実際に車イスをデコレーションすると、弱者の悪あがき感が強くなるというか、かえって痛々しくなったりした。

また、この世界は付き合いが非常に大事で——今では世間の流れ同様にずいぶん減ってしまったが——先輩や仲間等芸人同士の飲み会は極力行きたいものである。しかし、打ち上げ場所が階段のあるところだと入れない。そういうときには、仲間の芸人たちは「持ち上げるよ」と言ってはくれる。しかし、行きは良いにしても帰りは皆酔っているわけで、とてもじゃないが怖くて頼みたくない。

また、デビュー直後から仕事に恵まれたため、営業の仕事も早いうちからずいぶんいただいていたのだが、こういうときにはどうしたって介護の手が必要となる。今ほどバリアフリー化されていない電車に乗らなくてはいけない。会場に着いたら荷物を下ろして舞台に上がる準備をしなくてはいけない。

でも、それを仕事をくれた主催者の人にはどうしても頼めない。だから本来まだランク的には必要ないマネージャーや付き人等がデビュー直後から必要になってしまう。だけど、なかなかそんな人は用意できず、だからといって仕事を断れば次がないのが我々の仕事なので、ほとほと悩んでいた。ところが、またそういう事情を知らずにあくまで厚意で仕事を回してくれる先輩なんかもいて、断ることも出来ず困った……なんてこともずいぶんあった。

スタッフの体制が出来るのにはずいぶん時間がかかり、デビューから二〇年以上経ってようやくマネージャーをつけられるようになった。

それでも私の場合、デビューする前にそういうことをある程度理解してくれる人に何人か巡り会えたのは幸運だったと言えるだろう。でも、その人たちとてこちらが必要なときにすべて対応できるわけでもなく、だけどこちらが困っていることは「わかってくれてるはずなのに！」との思いから必要以上にぶつかってしまい結果離れてしまった、なんてことも過去にはあった。

別に私は、Ｓ１出場者たちに、「俺はこんなに大変な道を歩んできた。だからお前たちもっと頑張れ」などと偉そうに上から物申すつもりなんてさらさらない。

私自身は本当にそんな状況で、ある意味綱渡りでどうにかやってこられただけで、実際にこれと同じことをやろうとする人が出てきても、正直大したアドバイスなんてできない。

でも、「障害者だからしょうがない」「障害者だから大目に見てよ」というのは絶対に通用しない。それをやってしまうと、もう絶対にその人が何を表現してもまともには見てもらえなくなってしまう。だから、それだけはできないし、絶対にしてはいけない。

今でもそれだけは常に意識して、人前に出続けているのだ。

# 4 「美談」を考える

## 『24時間テレビ』のこと

日本において、世間に障害者という存在を認知させる上で、もっとも大きな役割を果たしてきた媒体といえば、なんといっても『24時間テレビ　愛は地球を救う』（日本テレビ系）だろう。

この国民的番組は、年に一度、毎年夏に放送されることになっている。有名タレント、スポーツ選手、ミュージシャン等々が司会をつとめ、あるいはゲスト出演し、さらに24時間マラソンに挑戦をするというものだ。視聴者からは莫大な寄付金が寄せられる。毎年、その寄付金の使い道もきちんと報告されている。「こういう施設のために車を買いました」「この寄付金のおかげでこれだけの車イスを寄贈できました」等々。

もともと番組が始まったのは、一九七八年。この時の寄付金の使いみちとしては、「寝たきり老人にお風呂を！」「身障者にリフト付きバスと車椅子を」ということが掲げられていたようだ（同番組ＨＰより）。その後、時にはアジアやアフリカの恵まれない子どもたちへの寄付が呼び掛けられることもあるが、大抵の場合において、障害者も二四時間のどこかではとりあげられることになっている。

開始から二〇一六年まで三九年間の寄付金総額は三六五億円だという。それが障害者や難病患者をはじめとする、何らかの事情で困っている人やその施設のために役立ってきたのは事実だろうから、立派な番組なのはたしかだろう。

ただ一方で、開始当初から番組に対しては、批判もあった。その多くは、番組のどこかに偽善を感じる、というものであったようだ。代表的な意見としては、出演者に高額のギャラを支払い、スポンサーからは莫大な広告料をとっておきながら、一部をチャリティーに回しているだけじゃないか、というものだ。

実際にそのあたりのカラクリがどうなっているのかは知らない。都市伝説的に語られているのは、初代司会をつとめた欽ちゃんこと萩本欽一さんが、ギャラ交渉に訪れたテレビ局員に対して、さんざん出演料をつりあげたあとで、「その額は全部寄付に回してください」と言った、というエピソードだ。

萩本さんは直接は存じ上げないが、テレビ等で見る「欽ちゃん」であれば、そういうことがあってもおかしくない、と思わせる美談だろう。しかし、このエピソードとは別に番組の主要な部分が美談仕立てになっているところが、反発や議論を招いているのもまた事実である。

### 聖人君子のイメージ

なにせ高視聴率で、長く続いている国民的番組だけに、影響力は大きい。ここで紹介される障害者像というのがいわゆる世間の障害者のイメージになっている。そして、基本的に「障害者＝聖人君子」という極めて画一的なイメージでしか描かれないことに違和感を感じている人は少なからずいるはずだ。

テレビ番組の構成作家出身である作家の百田尚樹氏は、著書『大放言』のなかで、「某チャリティー番組」の「内側」を明かしている。

まずリサーチャーが集められて、「ドキュメンタリーになりそうな障碍者」を探すよう命じられる。彼らは全国を駆け巡り、「障碍を持ちながら、頑張って何かに取り組んでいる人たち」を会議で提案する。そこから「絵になる」人を選んで、番組をつくっていく、という流れになっている、という。百田氏は、このプロセスに強い抵抗感があるようで、こう述べている。

「本来、ドキュメンタリーとは、『「ハンデを背負って生きている障碍者」の存在を知った番組関係者が、彼あるいは彼女が懸命に頑張っている姿に感動して、その生き様を多くの人に知ってもらいたいため』に作るというのが形のはずだ。しかし某番組はそうではない。『チャリティー番組』として放送するために障碍者を探すという本末転倒な作り方をしているのだ。そのためにリサーチャーに何人もの候補者を探させ、それを『絵になる』という基準で取捨選択するという姿勢は、私にはとても受け入れられない」

この意見に賛同するかどうかは別として、仮にこういうプロセスで番組が作られているとすれば、常に画一的なイメージになるのは必然だろう。同書によれば、見てすぐにどんな障害を抱えているのかがわかるのが望ましく、また軽い障害よりも重い障害のほうがいい（ただし重すぎると深刻すぎてダメ）、さらに大人よりも子ども、男性よりも女性、といった基準があるという。ここには書いていないが、私のようなカメラに向かって毒づきまくるような人間は問題外であろう。

このようにして選んでいくことで、聖人君子的な人が登場することとなるのは当然といえば当然なのである。

### ご意見は？

『24時間テレビ』は良くも悪くも注目を集め続けてきた存在である。

私もデビュー以来、取材で番組についての意見を求められることがよくあった。取材者の方は、「あんなもの偽善だ」という調子で、毒づくのを期待していたのかもしれない。私がそれを言う分には、実のところ問題はあまりないのだが、どうもそれを安易に言うことに違和感があった。「そんな簡単な話じゃないだろう」という思いと、「記者に予想されることをそのままいうのはなんか嫌だな」という思いもあり、極めてシンプルに答えた。

「障害者といっても所詮同じ人間なんだから、どこまでいっても画一的に描けるわけはないでしょう。聖人君子のような人もいるかもしれないしそうでないヤツも当然いる。

その『いろんな人がいる』ということを紹介すればいいんだろうけど、そうはなっていないことには違和感があります」

ただ、改めて考えると、これは番組に対して実はかなり厳しい意見だったのかもしれない、と思った。番組が始まったころは、そもそも障害者が今ほど世間で認知されていなかった。先ほども述べたように、街中はバリアフリー化なんかされていなかった。養護学校も今より少なかったので、障害者がいられるのは家か施設か病院ぐらいといっても過言ではなかったような時代である。

そんな時代に、障害者にスポットを当てる（実際には障害者だけでなく難病の人なども扱われていたが）と、ああいう描き方しかできなかったのは無理もない。それでも当時では十分画期的すぎる描き方だったのではとさえ思えるのだ。だから、私はあまり強い調子で「あんなの偽善だ」という立場には立てないと思うのだ。

## 喜ぶ人がいる限り変わらない

そんなわけで、私は『24時間テレビ』に対して正面から批判するようなことはしてこなかった。もちろん、芸人ホーキング青山としては、かっこうの題材なので、さんざんネタとしては扱わせてもらった。

「そもそも老人や障害者を取り扱う番組を二四時間もやったら、当事者たちが見てたら死にかねないだろ」

「この番組でどこの誰だかわからない奴らのために寄付するなら、売れない貧しい障害者芸人の俺に寄付した方が断然手応えがあるってもんだろう」

「電動車イスで『二四時間マラソン』ランナーをやって、ゴールインしたあとに『走ったのはオレじゃなくて車イスだけどね』と言って感動を台無しにしてやりたい」

「世界中の車イスのスピードを競う『電動車イス　F－2000レース』はどうだ」

こんな調子だったので、番組に呼ばれるはずもないのだが……。

さて、話を本題に戻そう。ある程度、障害者を聖人君子として描くことは仕方がないとは思う。思うのだが、どうなのだろう。番組開始からずいぶん時間も経って当時よりははるかにバリアフリー化も進み、障害者が街に出て当時よりは社会参加も進んでいる中で、昔とまったく変わらない描き方しかされていないことには、やはり違和感を抱いてしまう。

もちろん、番組を作っているのは当然テレビ業界の、それもプロ中のプロとも言うべき人たちだろう。だから、そんなことは当然わかっているはずだ。

ではそれでもなぜ変えようとしないのか。それは昔ながらの描き方をした方が喜ぶ人がいる、つまり視聴率が取れるということに尽きるのではないかと思う。また、そういう描き方をされたいと望んでいる障害者も少なからずいるのだろうと思う。だから実際に毎年喜んで出てくる障害者もいるわけだし。

テレビなんだから当然視聴率を取らなきゃならないし、ましてやそこに出るタレントさんは出る以上、イメージアップにつながらなければ出ない方がマシなわけで、結局この描き方が一番無難ということなんだろうと思う。

『24時間テレビ』の悪口を並べるのは簡単だけれども、結局この番組を見て喜ぶ人がいなくなれば、やめるか描き方を変えるしかなくなるという当たり前のことは、押さえておいたほうがいいように思う。見る人、出る人に喜ぶ人がいるから結局続いているのだ。

もちろん、繰り返しになるが、その功罪はある。実際にこれだけの影響力を持つ番組が、何十年も障害者を昔のイメージのまま垂れ流すが如く描き続けることで、この番組が「障害者＝聖人君子」というイメージを視聴者に植え付けてしまった事は紛れもない事実であり、このことは見過ごしてはならないと思う。

### 感動ポルノ批判は容易だが

『24時間テレビ』への違和感や批判は、主にテレビ以外のメディアで行われてきた。活字か、せいぜいラジオの深夜放送である。

ところが二〇一六年、まさに『24時間テレビ』の裏の時間帯で、前述したNHKの『バリバラ』が「緊急生放送！」と銘打ち、「感動ポルノ」をテーマにした内容（「検証！『障害者×感動』の方程式」）を放送した。「感動ポルノ」という言葉は、二〇一二年にオーストラリアの人権活動家のステラ・ヤングさんという女性が提唱したもので、英語ではinspiration pornと言うらしい。自身、障害を持つヤングさんは、障害者イコール感動という図式を厳しく批判したのだ。

ＴＥＤトークで行なった彼女のスピーチはネットで読むこともできる。

(https://www.ted.com/talks/stella_young_i_m_not_your_inspiration_thank_you_very_much/transcript?language=ja)

その一部をこのＨＰから引用して紹介してみよう（一部句読点を補っている）。

ヤングさんは、メルボルンの高校で教師をしていた。二年生相手に法学の授業を始めて二〇分ほど経ったところで、一人の男子学生が手を挙げてこう言った。

「先生、スピーチはまだかよ?」

スピーチ? それまで二〇分も「名誉棄損法」について話をしていたのに、なぜスピーチが必要なのか。戸惑うヤングさんに男子学生はこう続けた。

「あれだよ。やる気を起こさせるスピーチ。車椅子の人達が学校に来るとだいたい感動的な話をするだろ?(笑) いつもなら会場は大講堂だけど」

この経験から、ヤングさんは、「最初の気づき」を得たという。それがどのようなものか、ヤングさんはこう語りかける。


「この子は障害者を感動の対象としか見たことがないんだと。この子にとって――もちろん、彼のせいでもなく、多くの人がそんな風に考えています――大多数の人が障害者を教師や医者やネイリストとは見ないものです。

障害者は人として扱ってもらえません。感動を与えるための存在です。事実、私はこの会場に座って――こんな感じで車椅子に乗っていたら皆さんが私にそれとなく期待しているのは『感動』ですよね?(笑) そうなんです。

ご来場の皆さま、残念ですが、皆さんを非常にがっかりさせてしまいます。私は『感動』させに来たんじゃありません。私がここに来たのは、私たちが障害に関して騙されていたとお伝えするためです。

そう、私たちは嘘を教え込まれています。障害は完璧に悪いことで疑いの余地なしという嘘です。障害は悪いことだから、障害を持って生活するのは立派な人だということになります。障害は悪いことではないんです。だから立派ということもありません」


このスピーチを行なった年の暮れにヤングさんは他界した。彼女の言わんとしたことを私流に簡単にまとめると、こうなるだろうか。

「障害者だからって立派だとは限らないんだから、勝手に感動の対象にするんじゃない！」

障害者というだけで「感動した」「勇気をもらった」と言われるようなことを「感動ポルノ」とヤングさんは命名したのである。なお、余談だが、私が中学三年生で生まれて初めて一人で外出をするという、感動の第一歩を踏み出した時に、出かけ先として選んだのが近所のポルノ映画館であった。道行く人や、お巡りさんまでもが協力してくれて、何とか映画館に辿りつき、窓口で「一八歳」と年齢を偽ってまで鑑賞したポルノは今でも心に残っているが、それとこの話は当然ながら関係ない。

## 「感動するな」もおかしい

さて、「感動ポルノ」という言葉をテーマにして、『24時間テレビ』の裏に持ってきた『バリバラ』側の意図は明らかだろう。

障害者がその人のやってきたことや主義主張、あるいは人間性ではなく障害そのものだけを理由に感動の対象になってしまっていることはおかしい！

これまでテレビ業界ではほとんどタブーとなっていた『24時間テレビ』批判ともとれる内容は、新聞やネットなどで結構話題になった。なんとなく「偽善」を面白く思っていなかった人たちは喝采を送った（ただし、『バリバラ』の製作者側は『24時間テレビ』批判だという見方を否定している）。当時の新聞記事でも前向きな評価が目立つ。

この回の『バリバラ』では、「感動ドキュメンタリー」の製作の裏舞台を描いたような偽ドキュメンタリーを流していた。コント仕立てのような内容だったが、感動を求めるスタッフと、阿吽の呼吸でその「演出」に応じる障害者とのやり取りは、「そういうともあるかも」と視聴者に思わせるものがあった。ドキュメンタリーの「ヤラセ」を笑う趣向はそう珍しくないけれども、その対象が障害者というのはテレビでは初めてだったかもしれない。そのへんもまた「新しい」ということで、高評価につながったのだろう。

私は事前にあるメディアからこの番組の感想を求められていたこともあり、番組を見たのだが、実は素直に拍手を送る気持ちにはなれなかった。言わんとすることはすごくわかる。わかるのだけど、正直に言えば、見ている最中、ものすごい違和感を抱き続けていた。

「何だよ、障害者イコール感動じゃないなんて、お前の普段から言っていることだろ。それを他人がやったからってケチつけんじゃねえよ」

そう思う方もいるかもしれない。

でも、違和感が拭えなかった。

そもそもヤングさんがいう「感動ポルノ」という言葉は、「障害者が自動的に感動の対象にされている」ところからつけたとのことだが、私には、果たして本当に「自動的に」なんだろうか？　という疑念がある。民俗学の権威、柳田國男によれば、障害者という概念が確立されていないような時代には、村や集落などの当時のコミュニティーで障害者が暮らそうとすると明らかに異質なため排除される危険性があり、これを回避するために村の長や長老等と呼ばれるコミュニティーの有力者が「この人は神の申し子だ」等と言い、また本人もその自分の立場を理解していて言われるがままに振る舞うことで、排除される側から尊崇される側に回ることにより自分の身を守った、という例がある。

何が言いたいかというと、障害者は皆必ずしもヤングさんが言うように「自動的に」感動の対象にされている、とも言い難いのではないだろうかと思うのだ。前述した『24時間テレビ』で感動の対象になってでも出たがっているやつも含め、「自動的に」でなく「主体的に」感動の対象になっている（あるいはなろうとしている）人は絶対にいる。障害者の足並みがそろわないのは、ここまでに繰り返し述べてきたように、それぞれいろんな考え方があるのだから当然なのだ。つまり感動ポルノを歓迎している障害者も一定数はいて、それを責めることはできないということだ。

このように見ていくと、どうしてもヤングさんの主張に素直に全面的に同意する気になれない。だが、ヤングさんのように「普通に生きているだけ」なのに感動の対象に

「自動的に」させられた障害者が多くいるのもまた事実で、かくいう私も障害者の芸人としてやっていて、何度となく感動の対象として見られることがあったから、そうされることへの違和感、不快感はすごくよくわかる。

でも、私はそこで「感動するな！」とは口が裂けても言わなかった。感動の対象になっているやつが、「感動するな！」と言ってしまったらその時点で負けだと思っていたからだ。

「感動するな！」と言うだけで、自分が感動の対象だと認めることになってしまうし、何より障害者というだけで感動している人に「感動するな！」と言ったところで「わかりました」といって感動の対象から簡単に外すとは考えられなかったからだ。

けれども、周りにはこの障害者だという理由だけで感動の対象にされてしまうことへの怒りや虚しさ、侘しさはわからないようだ。事実「悪く言われているわけではないんだし、感動してくれたんだからそれはそれで良かったと思った方がいいよ」なんて訳知り顔で安易に言われて、本番前に崩れ落ちそうになったこともあった。実際にこんなふうに感じている人も少なくないだろう。

だから私は「感動するな！」とは言わずに、お客さんの「障害者＝感動の対象」という認識と戦うつもりで毎回の舞台をやってきた。

要は「感動」させなきゃいいわけで、皮膚感覚で「感動」の反対は「呆れ」だと昔から「感動」されてきた経験から感じていたので、デビューして数年のネタで勝負ができないころは「お客さんをどうやって呆れ返らせるか」ばかり考えてネタを作っていた。そして、あえてきつめの毒を吐くことが、とりあえず感動している人を興ざめさせるには一番手っ取り早いと思った。

だから最初から「見世物小屋へようこそ」なんてツカミから入り、徹底的に下品で下世話にし、誰も聞いてないのに自分の初体験やら手が使えない中でのオナニーの仕方、養護学校時代の同級生が毎日同じ時間にクソを漏らす話等々、まあお客さんを前に自分でも呆れ返るようなことばかりしゃべっていた。

そうしてまず「これは感動の舞台ではないんですよ」ということをお客さんに浸透させる。そうして興ざめさせた上で、感動を諦めたお客さんがネタを聞いて、純粋に笑ってくれたときに無上の快感を覚えた。

でもやっぱりそれだけじゃあすぐに行き詰まる。感動を求める人たちには一応挑んだが、しゃべりの技術や内容が向上しないと（要するに芸が上手くなるということです）、ワンパターンになるし、そうなると「結局それしかできない」となり、「やはり障害者じゃしょうがない」となる。そしてさらに、「でも障害を抱えながらも頑張っている」と結局感動の対象にされてしまうのだ。

だから、とにかく早く実力をつけよう、上手くなろう、と必死だったし、上手くなるほどお客さんの反応も評価が変わっていくのも強く実感してきたが、でもそれゆえにこの戦いは自分が障害者で芸人をやってる以上、少なくとも「障害者なのに」ということ以外の評価を得られるまでは、ずっと続くものなのかなとも思っている。

結局、「感動ポルノ」に対抗しうるものは、「感動するな!」と叫ぶよりも実力をつけ、「根拠のない感動」ではなくて、「根拠のある感動」を作り上げることだと思うのだ。これが私がヤングさんや『バリバラ』に感じた違和感である。

「なぜ根拠もないのに感動するのか?」といえば、結局「不憫にしか見えない障害者をただ『不憫だ』と言い続けるのもかわいそうだから、とりあえず生きていることは素晴らしいんだから、障害者の人たちは生きていることに感動しましょう」って誰かが決めたんじゃないかって気さえする。それに大した反発もないからなんとなく「障害者にはこれでいいだろう」ってことで残っているんじゃないかとも思う。

## 感動するなら評価をくれ

そろそろまとめよう。

「感動」問題をどう考えるべきか？

私は、やはり直接的に「感動するな！」などと言わずに、いかに個人のパフォーマンスの評価へと見る人、接する人の関心や興味を持って行くかが重要なのだと思う。

エンターテインメントの世界では、それに成功している具体例がたくさんある。

たとえばスティーヴィー・ワンダーやレイ・チャールズは盲目だが、あの人たちの歌を聴いて「目が不自由なのに凄い」「努力して鍵盤を覚えたんですね」などと言う人は、まあ滅多にいない。単純に、曲や歌声が素晴らしい。だから世界中にファンがいるのだ。

泉谷しげるさんは小児麻痺の影響で片足が悪い。でも、そのことで感動している人もまたいない。イギリスには、ロバート・ワイアットやイアン・デューリーといった、やはり足や半身が不自由なロック・ミュージシャンがいる。この人たちも、曲や歌、あるいはステージでのパフォーマンスが人気を呼んでいるだけだ。

身体とは別の障害の持ち主も山ほどいる。トム・クルーズは失読症だった時期があるという。文字は読めても、文章が理解できない。だから台本をテープに録音して、それを聞いて覚えたのだそうだ。しかし、彼が数々のヒット作に出演できたのは、そういうハンデとはまったく関係ない、俳優としての魅力があったからだ。

黒柳徹子さんも発達障害の一種である学習障害を持っていた可能性が高い、とご本人が仰っている。『窓ぎわのトットちゃん』等で描かれた、天真爛漫な姿の少なくとも一部は、実はその障害の影響と思われる。しかし、黒柳さんの人気は決して、その障害のおかげでも、「障害を乗り越えたから」でもない。

こういう人たちは皆、要するに自身の障害以上の感動させる武器、つまり芸を持っていて、それで障害という壁を越えてきたということになる。

歌手や俳優、タレントに限らない。

画家にある種の障害や病気を抱える人は少なくない。草間彌生さんは、幼い頃にかかった統合失調症の影響で幻聴や幻覚に襲われるようになるが、それこそが独特の作品を生む要因になっている。山下清が、言語障害と知的障害を抱えていたことは、『裸の大将』のおかげでよく知られている。

ビジネス界では、ＩＴ業界には発達障害の人が多いそうだ。フェイスブックを創ったマーク・ザッカーバーグはその一人だという。

これらの人たちも皆、「障害を抱えて頑張った」から評価され、感動を生んだわけではない。あくまでもその「作品」「業績」に人は心を動かされてきたのだ。そもそも私の芸名の由来となったホーキング博士も別に車イスに座りながら宇宙を一所懸命考えたことではなく、その理論が素晴らしいから名声を得たのである（ただし、その理論を私は理解していない）。

ここまで紹介した人は私も含め皆表舞台に出る人である。だから芸も含めその人の武器を知ることは比較的たやすい。でもそうではない一般の障害者はどうなのだろう？表舞台に出るわけでもなく評価も得づらい。

しかし、それなら日々の暮らしの中で、近所の人への挨拶からはじまり日常の営みの中で自分を通じて障害者がどういうものなのか知ってもらっていけば、自然と「感動ポルノ」の被害はなくせるだろう。その方が密接に関わることができ、より深くお互いを知ることができるだろう。

私も含めて表舞台で障害者が世の中で活躍することも大事だが、そうではない一般の障害者の人たちも日常の中で自分を通じて障害者というものを知ってもらう。

それが、障害者を世間に理解してもらう実は一番の近道なんだと思う。

## 5 「乙武氏」を考える

### 日本一有名な障害者

日本で一番有名な障害者といえば、なんといっても乙武洋匡《ひろただ》氏である。彼にかなうヤツはいないだろう。

乙武氏は一九七六年生まれだから、私よりも三歳下とはいえほぼ同世代である。また、彼は芸人ではないが、業界的には私の方が先輩だと言っていいだろう。私の最初の著書『言語道断！――ホーキング青山自伝』が一九九六年出版で、乙武氏の最初の著書『五体不満足』は一九九八年出版である。

乙武氏がまだ世に出てきていないころは、とにかく世間の障害者のイメージを覆す存在として、私はメディアでも非常に重宝がられて、ずいぶんあちこちで使われたものである。

だが、『五体不満足』が出版されると状況は一変。彼は、一気に世の中の障害者の代表格になっていった。その勢いたるやすごいものだった。以来、私もずいぶん彼のことはネタにさせてもらった。乙武氏を堂々とイジっても怒られない芸人は、日本でも数少ない、というか多分私一人なので、とてもありがたいことであった。

さて、彼のデビュー作にして最大のベストセラー『五体不満足』は、当初は初版六〇〇〇部だというから、さほど多くはない。当たり前だ。無名の障害者の本がそんなに売れるとは思わないだろう。しかし、乙武氏の爽やかなイメージ、タイトルの妙、感動的な内容等々、さまざまな要素が絡み合い、同書はベストセラーになる。同書はその後刊行された文庫版を含めると五〇〇万部近く売り上げてしまったのである。累積部数は、戦後のベストセラーランキングでも上位に入るという。

「あとがき」には、ヘレン・ケラーの「障害は不便である。しかし、不幸ではない」という言葉が引用されており、それはこの本全体のメッセージにもなっている。奇しくも私の『言語道断』の第一章も「はたして私は不幸なのか」だから、かなり共通する問題意識もあったはずなのだが、部数は八〇〇〇部だから天地雲泥の差だ。私の本もその後文庫化されたのだが、乙武氏との一番の差はやはりなんといってもルックスだと思い、タイトルについて「乙武が『五体不満足』なら、俺は顔も悪いから『六体不満足』でどうですかね？」といったら担当者に即却下された。

さて、乙武氏が話題になり始めたころ、私はどう見ていたか。さぞかし悔しかったろう、妬ましかったろう、と皆さんが思われることは想像に難くないのだが、実はそうでもなかったのである。

というのも、そのころ私はまだこの仕事で正直なにをどうしていいのかわからない状態だった。辞めたくてしょうがないという気持ちすらあった。だから、乙武氏がどんどんメディアに登場していっても、悔しさはなかった。「こいつに抜かれても、もともとそんなにやる気もないんだからしょうがないな」ぐらいにしか思ってなかったのだ。

それとは別に直感的にはこう思った。

「こいつ障害者というものが世の中でどう見られていて、どこをどう変えれば世間に受け入れられるかわかってるな」

特にビジュアル的な見せ方はよく考えられているな、と思った。

これは私もよくわかるが、車イスに乗っているとまずそもそも車イスに乗った姿のインパクトが強すぎて、服を見てもらいにくいことがある。

また、私も含め一人で着替えることが困難な障害者も多く、家族やヘルパー等の手を借りなければ着替えられない。その中で着る服を選んでコーディネートするのは、たまにならいいが毎回となるとかなりの負担になる。車イスで他人からは見えづらい上に着替えの大変さも重なると、どうしたっておしゃれには無頓着になっていく。

さらに障害によってはよだれが出てしまい、しかも自分では拭くことができないから垂れっぱなしになってしまう人もいる。

何も障害者に限ったことではなく、見た目の印象が極めて大事なのは言うまでもない。特に第一印象でその後の人間関係のある程度が決まってしまうという話を聞いたことがあるが、障害者がおしゃれじゃなく、清潔感がないことも、世間に受け入れられない大きな要因の一つになっていると思うのだ。

そこら辺を乙武氏はよくよくわかっていて、非常にスマートな形で登場したことがあの『五体不満足』の爆発的人気の一因だろうと思う。

## よだれは見たくない

ここまでに何度も取り上げてきた、「障害者＝聖人君子」というイメージは、実態の反映ではなく、世間の無意識の願望から作られたものという面があったと私は思っている。

要するに、そういう部分しか見たくないという気持ちから出来上がったイメージなのだ。

本当に障害者に接していれば、そんなに綺麗なものではないことはすぐにわかる。よだれをたらしている人もいれば、奇声を発しながら走り回ったり、オシッコやウンコを漏らしたり……。

本当は皆そんなことはわかっているはずなのだ。実際に知らなくても想像の範疇にはあるはずだ。でも、あえて多くの人はそこは見ないようにしていた。いまもそうだろう。なぜかといえばそこを知ったら、あるいは認めてしまったら、こちらにその面倒がふりかかってくる可能性があるのだ。つまり、自分たちが世話をしなければいけないということだ。

何も手当り次第に、見かけた障害者の面倒を見る必要が生まれるというわけではない。

そういう個人の次元の面倒だけではなく、公的な介護や街のバリアフリー化をはじめ税金を投入しての支援をこれまで以上にしなければいけないといった問題に真剣に向き合わなくてはいけなくなる。実際に日本が超高齢化社会に突入したことで、介護問題が一気に深刻化しているではないか。

どうしたって負担がかかってくる。でも皆誰しも自分がかわいい。というか自分のことで精一杯である。これは社会の中で生活していくうえで、健常者も障害者も同じだろうと思う。

私だってはっきり言って自分のことでいっぱいいっぱいだ。自分が障害者だからどちらかといえば支援を受ける側に属することになるけれど、でも自分よりも身体的により大きいハンデを抱えた障害者がいたとして、その人を支援したいか、できるか、と問われれば正直二の足を踏んでしまう。なんだかんだ言って皆そんなに余裕はない。

そんな中で他人様の面倒なんて見ていられない、というのは偽らざるところであろう。でも、どこか後ろめたい気持ちがある。困っている人を目の当たりにしたらなおさらだ。

あなたが駅に急いでいたとする。約束の時間に間に合うためには走らなければならない。そんなときに、同じく駅に向かっているであろう老人が転ぶのが見えた。周りには他に人もいない。本来ならば手を貸したいが、何といっても、こっちもいっぱいいっぱいだ。

どうすればいいのか。

精神的に安定するには、どうすればいいのか。

見なかったことにすればいい——障害者については、無意識にこんな心理が働いている気がする。それでなんとなく障害者というのを敬遠してしまいがちになる。そもそも普通に暮らしていれば、基本的に障害者と深く関わる機会はほとんどないから、障害者を同じ社会に生きる一員と見る必要性はあまりないということになる。

多くの人は、「そんな人たちの存在も忘れてはいけない」という程度の認識だ。話は少し戻るが、そういう人に向けた番組の『24時間テレビ』がどうしたってああいう作りになるのは必然だろう。

『24時間テレビ』に出てくる障害者の多くは、番組の中では「そんなに心配しないで！深刻に考えないで！　だって僕らハンデを抱えながらもこんなに頑張っているんだから」と言わんばかりの姿を見せることが多い。それでも視聴者の方は、ある程度、放送に流れない部分についても思いを馳せる。「現実の日常の生活は大変だろうな」ということは何となく透けて見える。簡単にいえば、よだれやオシッコやウンコの「後始末をする人」の姿が何となく見えてしまうのだ。これはドキュメンタリーや実話をもとにしたドラマである以上、仕方がないだろう。

ところが、その「大変だろうな」という部分をある意味でかき消してしまったのが乙武氏だった。その「手腕」は見事なものだったと思う。

**消臭されたウンコ**

『五体不満足』には、よだれの汚さ、ウンコの臭さがほとんどない。消臭されている。乙武氏を産んだ母親は、息子が障害を持っていることを知っても悲しまない。四肢のないわが子を見ての第一声は「かわいい」であり、「喜び」の感情を抱いたという。

ご両親は、教育熱心だった。だから「ボクらの生活は希望に満ちていた」という。

学校も、紆余曲折あったものの普通学校に入学。そこでも多少の問題がなかったわけではないが、先生や同級生も本当にいい人ばかりで、乙武少年は伸び伸び、すくすくと成長をしていく。

「あとがき」で乙武氏はこう述べる。

「両親は、ボクが障害者として生まれたことで、嘆き悲しむようなこともなかったし、どんな子を育てるにしても苦労はつきものと、意にも介さない様子だった。何より、ボク自身が毎日の生活を楽しんでいる。多くの友人に囲まれ、車椅子とともに飛び歩く今の生活に、何ひとつ不満はない」

「声を大にして言いたい。『障害を持っていても、ボクは毎日が楽しいよ』。健常者として生まれても、ふさぎこんだ暗い人生を送る人もいる。そうかと思えば、手も足もないのに、毎日、ノー天気に生きている人間もいる。関係ないのだ、障害なんて」

書かれているエピソードも、乙武氏の気持ちも、本当なんだろうと思う。主張もかなり賛同できるところもあると思っている。

ただ、何だか見事すぎる感じはする。

一昔前のアイドルは、「オシッコもウンコもしない。ましてセックスなんて絶対にしない」という幻想を振りまいていた。「六体不満足」の私は、華々しく登場した「障害者界のスター」に対して、どこかそれに近いものを感じたのである。

私も、一人の芸人として評価してもらうためには、なるべく「オシッコやウンコ」、言い換えれば「裏側での苦労」は出来る限り見せないようにしてきたつもりだった。笑いで勝負するうえでは、そうすることが正解だ、と皮膚感覚でわかっていたからだ（ネタとしてはそういうものをあえて扱うことはあるが）。

しかし、そのへんの苦労、裏舞台を見せないという部分において、乙武氏を初めて見たときから、これを貫き通しちゃったら絶対にかなわないと思った。セコさ、小ずるさも感じたが、同時にある意味でのプロ根性すら感じたのである。

## 子どもは遠慮なし

ただ、一躍時代の寵児になった乙武氏の主張に対しては、そんな風に感心しつつも、ちょっとついていけないと思うところもあった。障害者の負の部分を隠そう、もしくはポジティブなイメージを強調しようとするあまりに、彼は「障害をハンデと思ったことがない」ということをしきりに言っていた。さきほどの「あとがき」もその一例である。

この部分にだけはどうしても違和感を抱かざるをえなかったのだ。

だってどう考えたって、ハンデだと思う局面があるはずなのだ。初めて一人で外出したときに、どれだけ苦労したか。ポルノ映画館に入るのがどれだけ大変だったたか。いや、彼はそういうところには行こうとしなかっただけかもしれないが、それにしてもどこか無理があるような気がしてならなかったのだ。

たしかに乙武氏から障害者のネガティブなイメージを受けることは少ない。メディアに出るときの乙武氏は、私なんかの何倍もおそらく服装にこだわり、非常に小綺麗にしている。

しかし、私も彼と何度か会ったからわかるのだが、実際に近くで見ればどこまでいってもやはり両手も両足もない男性なのである。そういう人が、電動の車イスにちょこんと乗っている。もしいきなり見かけたら、奇異に感じないなんてことがあるだろうか？子どもは正直である。私は「なんか変な車に乗ってる！」とか「足が曲がってる！」なんて言われたり、いきなり「どうしたの？　ケガしたの？」と聞いてきたりされることは珍しくない。乙武氏も同様だろう。要するに好奇の眼差しにさらされることは、なくならない。それが良いとか悪いとかではなく、ある意味仕方のないことなのだ。

そういえば、昔子どものころ学校で連れて行かれたどこかの障害者の福祉講演会で、障害者のお母さんが、「息子の車イスを押しているとすごく奇異な目で見られ、とても辛かった」なんて泣きながら話していたことがあった。

なるほどそんなに辛いのか。そう思っていたら、そのお母さんが、講演の最後にはこう言い出した。

「皆さん、街中で障害者を見かけたら、知らなくても気軽にどんどん声をかけてください」

ん？　声をかけるには見かけなきゃいけないし、奇異な目で見ざるをえないよな。大体、知らない人に声をどんどんかけるって不自然じゃないか。

話を聞きながら「見るなっていったり声かけろっていったり一体どっちなんだよ？」と子どもながらに内心ツッコミを入れてしまったものである。

それを親父に話したら、

「障害者を世の中の人たちが見慣れてないんだからしょうがないよな。オレたちのころは外国人だって見慣れないからジロジロ見ちゃったもん」

と普通に言っていた。まあそんなもんだよな、と納得したのである。

だから、諦めとかやせ我慢とかそんなことでなく、好奇な目にさらされること自体は「まあそんなもんだよな」ぐらいにしか思わず大して気にもならなくなっている。でもそれは見られることに慣れたからだ。

ところが、「障害をハンデと思ったことがない」という言葉に象徴されるように、乙武氏からはそういう葛藤が最初から感じられない。学校時代も普通の学校で一切いじめにも遭わず、友だちの輪の中に普通に溶け込んで和気あいあいと遊んでいたこと等が綴られている。それを嘘とまでは言わないが、もしそれが全部本当だったとしても、見た目からして異質の存在である人がどうやってそこまでいったのか、その辺をもっと明かしてほしい。そうでないと彼の話は耳に心地よくても、誰も何の参考にもできない、彼の単なる武勇伝で終わってしまうと思うのだ。

だって、〝みにくいアヒルの子状態〟がスタンダードである障害者の中で、乙武氏の言うようにごく自然に受け入れられ続けた人なんて、他にこれまで一人として見たことも聞いたこともないし、私の周りにはまったくいない。

たしかに私も幼い時は障害を意識しなかった。その意味では障害をハンデと思ったことがない。でもその頃はそもそも「障害」とか「ハンデ」という概念や言葉自体を知らなかったんだから当たり前。

物心つけば、嫌でもそのへんは意識するようになる。卑屈になるのか、ひねくれるのか、それとも前向きに生きるのかは別として、障害者がそこまで認識されていない社会では、周囲からの拒絶や何らかのネガティブな反応に直面するのがごく自然だろう。そこでそれぞれが自分の障害について嫌でも考え、向き合うことになるのだ。

私の知る限りでは、『五体不満足』には、そのあたりの過程はまったく書かれていなかった。テレビ等でもまったくしゃべらない。そんなことまったくなかったかのようにしちゃっているのだ。そこに本当に違和感を抱かない人なんて、果たしてどれだけいるんだろう？　どうもそのあたりがモヤモヤしてしまうのだ。

『五体不満足』には、こんなエピソードも書かれている。早稲田に入学した乙武氏が高田馬場駅にいたら、ヤクザから声をかけられた。最初はビビっていたが、相手は自然体で話しかけてくれ、最後には「困ったことがあったら、いつでも電話してこい」と言って名刺まで渡してくれた。いい話である。

でも、ついつい思ってしまうのだ。これまでヤクザ以外の人からでも、「てめえ、変な乗り物でウロウロしてんじゃねえよ」とか、例えば電車の駅員さんなど直接お世話にならざるを得ない人たちから「迷惑だから来る回数を減らせ」等理不尽なことを言われたり、言われなくても嫌な反応をされたりしたことが一度もないのか。親切と理不尽とどちらが多かったのか。

もちろん、そういう前向きさを一つのキャラにしてしまう、というのは考え方としてはあると思う。「セックスなんてしない」アイドルと同じ方法論である。「葛藤とかそういう部分は一切見せずに、一タレントとして勝負するから、今の自分だけを見てほしい」

それならわからないでもない。しかし、彼はタレントではなく文化人である。また、彼は「世の中の生きづらい人たちの役に立ちたい」と言い、人々の「心のバリアフリー」を進めるためにも努力したいという。実際に社会貢献もやりながら、一時期は政治家まで志していた。それなのに、そういう部分を一切出さないというのは、どこかリアリティーに欠ける気がする。それでは共感も親しみも感じられないから応援しづらい。

ひねくれていると言われればそれまでだし、お前の周囲の民度が低いのだと言われれば、そうですかとしか言いようがないのだが、どうも私には彼が綺麗な部分だけしか出さないように思えてしまう。綺麗事しか並べていないように見えてしまう瞬間があるのだ。

乙武氏は『五体不満足』のブームの後も、スポーツジャーナリストになったり、小学校の先生をやったりしていた。小学校の先生なんてあの身体でどうやってやっていたのか？　遠慮というものを知らない小学生が、いくら有名人とはいえ、子どもたちの人気者ではなく、両手も両足もない彼のいうことをまともに聞くんだろうか？　その教員生活も本や映画になったようだし、そこに描かれているような感動的なエピソードを疑うわけでも否定するわけでもない。

けど、ここでもそうなるまでの道のりが、私にはまったく見えない。その間に葛藤が一つもなかったなんてあり得ないだろう。そのへんが感じられない。

だからどう聞いても私は彼の話にリアリティーを感じないし、ストレートにいってしまえばうわべだけの綺麗事にしか聞こえないのだ。

乙武氏は一時期、新宿区長選に出馬すると目されていた。それと近い時期に、彼はボランティア活動としてゴミ拾いをやっていた。ボランティア団体の新宿代表になったのだという。

「どうやって拾うんだよ」という想定されるツッコミに対して、乙武氏は口と道具を使って拾う様子を撮影した写真をネットにアップして答えている。

なるほど、そうか、そういう道具を使えば立派に皆の役に立つね！……なんて私は思わない。いやいや、どう考えても他の人の邪魔にしかならないだろう、とツッコミたくなってしまう。そういう人は他にもいるはずだ。しかし、誰もそれを本人には指摘しない。いやできない。

自分の綺麗なところしか見せない乙武氏を見ていると、「障害者がこの世の中で生きていくには、俺ぐらい徹底して負の側面、ネガティブな要素を見せないようにしないと生きていけないんだ」というメッセージすら感じてしまう。そして「そうやって綺麗な面を見せ続けることで世間の障害者に対するネガティブなイメージも変えていくことができ、『同じ人間』として生きていけるようになる。だから僕はこのスタンスでやっている」ということなのかな、とも思う。

でもこれは何も障害者に限ったことでなく、あらゆる人間関係は互いの綺麗な面だけを見せ合っているだけでは近くなることも深まることもない、ある一定の距離感を常に保ったものになってしまう。それで良いのか？　おそらく世のほとんどの障害者の答えは「NO」だろう。そうでなければこれまで度々繰り返してきた社会運動だって起こさなかっただろうし、世の中に出たがる障害者だってもっと少ないはずだろう。

## 不倫騒動をどう見るか

綺麗事、と言って悪ければ、「クリーン」なイメージが常にあった乙武氏が、人間らしさを垣間見せたのが、二〇一六年に「週刊新潮」が報じた不倫スキャンダルである。厳密にいえば、ネット上ではときおり炎上することも、その前からあるにはあった。予約していた料理店がバリアフリーではないといって、ツイッターで実名を挙げて批判したところ、「お前のほうが非常識だ」という非難が浴びせられたなんて事件もあるにはあったのだ。

おそらくネットがない時代ならば、乙武氏に対して「お前のほうが非常識だ」などという人々の「本音」は目に触れるところに出てこなかったかもしれない。でも、ネットではそういう「本音」が遠慮なく表現される。だから、「いくらバリアフリーが大事だっていっても、店の都合もあるだろう。障害者に対して、いつも十全の対応ができるわけではない」といった論理で、乙武氏への批判が寄せられることになったのである。

ただし、それでも彼のイメージに傷がつくほどではなかった。せいぜい小さな炎上騒動という程度である（なお、この騒ぎとは直接関係ないが、乙武氏はこの料理店に奥さん以外の女性と行っていることも報道はされていたが、この点には当時誰も触れていなかった。私はネタにさせていただいたが)。

ところが、不倫スキャンダルは違った。妻帯者である乙武氏が、愛人同伴で海外旅行に行っていることについて、「週刊新潮」が取材したところ、本人がアッサリ事実を認めたうえに、どういうわけか他にもそういう相手がいることまで馬鹿正直に白状してしまったのである(のちに本人は、直前のベッキーの不倫報道を見て、後から嘘がばれるとより印象が悪くなると思ったので、正直に話したと語っていたようだが、ハッキリ言って危機管理としては失敗だったように見える)。

障害者の不倫スキャンダルというのは、報じる側にもそれなりに覚悟が必要な気もするが、当時、乙武氏は政界入りが確実視されていただけに、「公益性」もあるという判断がメディア側にはあったようだ。

そして近頃は、不倫自体に非常に厳しい風潮があるので、いかに障害者といえども特別扱いされることなく、乙武氏は厳しい批判にさらされることとなった。政界入りも頓挫してしまった。さらにしばらくして奥さんも彼のもとを去ってしまった。当事者以外は誰も迷惑を被っていないのに、何だかかなり長期間の謹慎まで余儀なくされてしまった。

しかし、私はこの件自体にはあまり驚きもしなかった。まああのルックスであれだけ成功していて、金もあって、弁も立つ。別のところも勃つ。良いか悪いかではなく、やってても不思議ではないだろうというのが一番の感想だった。

もしも怒っている人がいるとすれば、「手も足もないくせにオレよりモテやがって！」と半分やっかみで怒ってる人なのかなあ、とか、乙武氏のあの芸風が好きで「世の中にこんな心の綺麗な人もいた！」と、「感動ポルノ」的に乙武氏を見ていた人なんだろうなあ、などとは思った。

でも少し冷静になれば誰だってわかるはずだ。

障害者を本当に健常者と同じ「人間」として見るならば、良し悪しとは別に不倫願望なんて誰にだってあるのは当たり前だとわかるだろう。繰り返すが、彼はルックスもよく、しゃべりも達者で、地位も金もあるのだ。だから不倫をしようと思えばできるはずの立場なのだ。

とはいえ、乙武氏がこんな形で障害者の既成概念をぶち壊すとは思わなかったのもまた事実である。おそらくこういう形での「障害者のスキャンダル」は日本初ではないだろうか。

この点に関しては私は正直脱帽したし、これを本気で障害者の既成概念をぶち壊そうという計算でやっていたら、私は迷わず彼に弟子入りする。本当にそれぐらい、強烈な出来事だった。

### 健常者の感覚

ここまで私は乙武氏のことを「うわべだけの綺麗事しかいわない」と書いてきた。でも、改めて書いていることや言っていることを全部並べて見ていくと、気づくことがある。

彼は身体的にはどこからどう見ても間違いなく障害者なのだが、感覚は完全に健常者だ、ということだ。実際に、本人もそういうことを言っている。そういうスタンスであることを隠してもいない。

そして、そう捉えると、彼の主張が非常にわかりやすく入ってくる。

世間一般の人が障害者を見るのと同じ目線で彼は障害者を見ている。自分が障害者なのに、だ。つまり自分とは異質でよくわからない、でも世の中で受け入れるべきだ（自分にそんなに負担がかからない程度に）という風にしか聞こえないのだ。

しかし、やはりここで別の疑問にぶちあたってしまう。彼は心の底からそういう感覚をもっているのか。それとも遭遇した嫌な出来事や辛い出来事を完全にどこかに封印してしまっているのか？

私には後者に思えてならない。そうでもなければ、あれだけどこからどう見ても障害者の乙武氏が、世間一般の人と同じ目線で障害者を見ることなんてできるはずがない。

この辺の部分に「嘘」を感じ、「偽善」を感じていたのは、私だけではないのだろう。舞台で私が乙武氏をネタにするとウケるのは、お客さんの抱いている、そういうモヤモヤした感情を刺激しているからだ。

しかし、そのモヤモヤは、これだけ乙武氏が世間的に「素晴らしい」とされている中ではこれまで口にはできなかった。不倫騒動がことのほか大きくなったのは、やっかみばかりでなく、実はそうした封印されたモヤモヤ、潜在的な怒りにも似た感情が、一気に爆発したからではないか、と私は見ている。

私自身、不倫でここまで叩くのはどうかとは思ったものの、乙武氏が叩かれること自体にはさほど驚きも違和感も感じなかった。また、今後彼がどのような活動をするのかは知る由もない。

しかし、そろそろこのへんの封印された闇を見せてくれてもいいのではないか、という気はする。謹慎が明けてからは、しばらくツイッターやテレビでそれなりにエッジの効いたマスコミ批判等をしていて今は落ち着いたようだが、根本のスタンスは不倫騒動の前となんら変わっていない。相変わらず綺麗、綺麗になっている。

余計なお世話なのだけど、このへんを変えないと世間は以前と同様には耳を傾けないのではないか。

少なくも、ツイッターなんかで自分の障害を自虐的に笑いにしている程度じゃ、そんなに耳を傾けてもらえるとは思えない。

まあ、どこまでいっても私には関係ないことなのだが、妙に気になってしまう。

# 6 「やまゆり園事件」を考える



## やまゆり園事件とは

相模原市内の障害者施設で起きた大量殺人事件は社会を震撼させた。事件が起きた施設の名前から、通称「やまゆり園事件」と呼ばれるこの事件の概要は、以下のようなものだ。

発生は二〇一六年七月二六日未明。神奈川県相模原市の知的障害者福祉施設「津久井やまゆり園」に、元職員の男（当時、二六歳）が侵入。

男は刃物を使って、短時間の間に、施設に入所していた一九人もの人を刺殺し、さらに二六人もの人に重軽傷を負わせた。被害者の人数は「戦後最悪」とされている。

社会に大きな衝撃を与えたのは被害者が障害者だということとその人数だけではない。

男がこの障害者施設で数ヶ月前まで働いていて、その頃から入所者を生かしていていいのか、という考えを持っていたことがわかった。彼はそうした考えを園長に話したり、政治家に向けた手紙に綴ったりしていた。要は、「障害者なんていなくなってしまえ」という考えのもとに犯行に及んだということになる。

この動機が世間にとてつもない衝撃を与えた。多くの人にとって、そうした施設は馴染みがないが、あまり物騒な事件が起きる場所だというイメージはない。どちらかといえば平和な感じがしていたはずだ。そんなところで事件が起きただけでも衝撃は大きかったのに、犯人が単なる精神異常者ではなく、介護職員として働いていた元職員ということがさらに衝撃を大きくした。

そういう施設で働いている介護職員は誰よりも障害者に理解のあるような人であろう、というのが大方の常識だった。それだけに、介護職員がここまで残酷な事件を起こしたという事実が、世間に対してのインパクトをより強めたのだと思う。

彼が事件直前に衆議院議長あてに書いた手紙の文面があまりに挑発的なものだったことがさらにインパクトを強めたのは事実である。

「私は障害者総勢470名を抹殺することができます。常軌を逸する発言であることは重々理解しております。しかし、保護者の疲れきった表情、施設で働いている職員の生気の欠けた瞳、日本国と世界のためと思い、居ても立ってもいられずに本日行動に移した次第であります。

理由は世界経済の活性化、本格的な第三次世界大戦を未然に防ぐことができるかもしれないと考えたからです。（中略）車イスに一生縛られている気の毒な利用者も多く存在し、保護者が絶縁状態にあることも珍しくありません。

私の目標は重複障害者の方が家庭内での生活、および社会的活動が極めて困難な場合、保護者の同意を得て安楽死できる世界です」

重度障害者に限らず、「人間を生かすためにどれだけのコストを費やすべきなのか」という問題は、さまざまなところに存在する。被災地や戦場では一人を救出するために部隊を出動させるかどうか、といったことを考えなくてはいけないことがあるだろう。また、高齢者や改善の見込みのない患者の延命にどれだけの税金をつぎ込むべきか、というテーマも最近は以前よりもオープンに議論されるようになってきた。

だから、この容疑者の手紙も、一部はそうした問題に通じる指摘をしようとしているのだ、と読めなくもない。

ただし、この男は事件を決行して逮捕された後の条件として、

「監禁は最長で2年までとし、その後は自由な人生を送らせてください。心神喪失による無罪。(中略) 美容整形による一般社会への擬態。金銭的支援5億円。これらを確約していただければと考えております。ご決断いただければ、いつでも作戦を実行致します。日本国と世界平和のために、なにとぞよろしくお願い致します」

などと書いているから、まあ思考的に何らかの問題があることは明らかだろう。

とはいえ、この事件がいくつもの問題を突き付けていることは事実だ。現に、この事件については、さまざまな人がさまざまな形で論じてきた。

事件を「日本社会が持つ差別が表出したものだ」「最近のヘイトスピーチなどとも関係している」といった見方で論じる人もいた。そうなのかもしれないが、手紙を読む限り、そもそも正常な思考で物事を判断していないので、社会全体の風潮と短絡的に結び付けて考えることには違和感がある。

また、メディアが被害者の素性、名前をまったく報じないことに疑問を呈する声もあ

った。事件報道では、重軽傷者は匿名報道が多いが、殺害されれば実名で報じられることが普通である。しかし、今回は殺された人の名前等はほぼ報じられなかった。これはこれで差別ではないか、という指摘である。一体全体、誰が誰のために忖度して、こういうことになったのかはよくわからないのだが、これについては、障害者団体などからも怒りの声が上がった。私自身は、これが被害に遭われた障害者の方々へのどういう配慮だったのかはよくわからないのだが、障害者のために配慮したことが裏目に出てしまった感は否めない。

ともあれ、この事件は、戦後最悪の大量殺人事件というだけではなく、非常に多くの問題を提起しているのである。

さまざまな議論が起こったが、それを見ながら私なりに思ったことを述べていきたい。

### 介護者は天使ではない

先ほど、犯人が介護職員だったことが、余計に事件の衝撃を大きくしたのではないか、と述べた。「障害者＝聖人君子」とよく似ているが、「介護者（介護職員）＝善意の人」あるいは「介護や福祉の世界で働く人＝人格者」というイメージが世間にはある。看護師さんあたりに対しても似たようなイメージがあるだろう。「白衣の天使」というやつだ。

でもここが難しいところだ。実際に介護関係で働く人は一般の人よりも皆障害者に理解はあるだろう。しかしだからといって皆が皆、世間で思い描かれているような天使のように優しく、またマザー・テレサのように無私で自己犠牲も厭わない、そんな人たちばかりでは決してない。もちろんそういう介護や福祉について熱く語り、お客様のためならなんでもやろう、場合によったら頼まれていないこともやろうとする割と世間の介護者へのイメージに近い熱血的なタイプと、あくまで介護を「仕事」としてやっているタイプの人がいる。

「お前やけに詳しいな」と言われそうだが、先ほども少し触れたように、私は二〇〇九年から訪問介護事業所を自ら経営しているオーナーでもある。なぜそんなことを始めたかといえば、介護者不足が社会問題になっている中で、この先を見越して自分の事業所を持てば、自分や自分以外の人たちにも介護の手を回すのに役立つのではないか、と素朴に考えたからだ。

幸い現在も、私など障害者のための「障害福祉サービス」と、二〇一六年の秋からは高齢者を中心とした「介護保険サービス」も開始し、少数精鋭で事業としては継続できている。

一応、経営者としてまっとうにやっているつもりであるし、自分が障害者であるがゆえに、「お客様」の気持ちは多少なりともほかの事業所よりはわかるという自負はある。とはいえ、実際に自分が介護されたことがあっても、したことが無いのもまた事実。だから、特に事業を始めたころは従業員にこちらの意向を伝えても、「自分はできないくせに」と思われたらどうしよう、と日々不安だった。

人材が揃って私が先頭に立たなくても運営されるようになるまでには、実際に何年もかかった。なかでも苦労したのが、障害者である経営者の私と、働いてくれる人たちとの溝を埋める作業だった。

というのも、私が介護をできないことでなじってくるような従業員はさすがに一人もいなかったものの、私が介護をできないため介護の現場で実際にどのようにやれば一番良いのかをうまく伝えられない。そのお客様の身体の状態に合わせてやるしかないのだが、これを特にうちの事業所に入って初めて介護に従事する人に教えてあげられない歯がゆさがあった。また技術的なことばかりでない介護知識や精神性など、私では教えることのできないことも多く、自分が先頭に立っていてはいけないのでは、と悩んでいた。だから私に代わって事業所の運営の先頭に立ってくれる人たちができてから、目に見えて従業員が成長したのがよくわかった。

それとは別に介護事業所を作ったことでよくわかったことがあった。意外にも、介護者は「障害者や高齢者のために命がけで頑張る！」などと崇高な思いを表にあまり出さない人の方が、仕事を吸収するのが早く、長続きしやすいということだった。前述した「仕事」として取り組むタイプである。いい意味でこの仕事を「仕事」の一種として割り切ってやっている、そういう人の方が自然体で仕事に向かい合うことができて、疲れないようなのだ。

熱血漢タイプは、一見理想的な人材に見える。しかし、これはなにも介護の世界ばかりではないと思うが、理想が高過ぎて現実とのギャップに耐えられなくなってしまう人が結構いるようなのだ。またこういう人は、自分なりの理想を時として他の従業員やときにはお客様にまで押し付けてしまい、嫌われてしまうケースも何人かいた。

また、これが一番最低なのだが、こんな事情もある。介護はもともと二〇〇〇年に介護保険制度が始まったときから、とにかく少しでも介護に携わる人を増やすために「訪問介護員3級養成研修課程修了」「訪問介護員2級養成研修課程修了」等の資格を取得しやすくしたのだが、これにより主婦をはじめもともと定職についてない人や不況等の影響でリストラされた人等がずいぶんこの世界に入ってきた。人材の流入は悪いことではないにせよ、中には社会性に疑問符をつけたくなるような人もままいるのだ。これらの人たちに手を焼いたことも少なくない。

面接にカジュアルな私服で来る人は結構いた。それはまだしも、もっとひどいのは面接でいきなりタメ口で話しかけてくるような人もいたのだ。しかも相手が私より年上と聞き、その常識の欠如に二度驚かされたものである。

また、採用した人でも、「私はこの辺に昔住んでいたことがあり、土地勘がある」と面接時に豪語していたのに、いざ住所を伝えて簡単な地図を渡してお客様のところに行くように伝えたところ、すっかり道に迷ってしまい、結局予定の時間にたどり着けず何もしないで終わってしまったという人がいた。途中で何度か電話が来た際に「この辺に土地勘があるんでしょ?」と言ったら、

「たしかに昔この辺に住んでましたけど、私実はすごい方向音痴なんです」

これには絶句してしまった。

容疑者はかなり極端

なぜこんなことを長々と書いたかというと、やまゆり園の事件を、「障害者施設という特別な場所で起きた事件」とあまり考えない方が良いのではないか、と思うからだ。

先ほども述べたように、この事件は多くの問題を提起しているし、いろいろなことが複雑に絡んでいるように見える。でも、だからこそ、まずはシンプルに見た方がいいのではないか、とも思うのだ。

介護者として働いている人間が、介護対象を平気で殺害したことに衝撃を受けている人は、どこかで介護職を特別な仕事だと見ている気がする。もちろん、そのようにして見てくれることは必ずしも働く人にとって悪いことではないだろう。誰だって、「ゲスな仕事してやがるな」と言われるよりは「立派なお仕事ですね」と言われるほうが気持ちが良い。きっと励みにもなるのだろうとは思う。

しかし、実際に仕事として関わっている立場からすれば、前述したように現場の人間は皆が皆崇高な理念で働いているわけではない。もっと言うと、他の仕事と同様にいろんな人たちがいる。

介護職は立派だというイメージをいったん外してこの事件を見るとどうなるか。

一言でいってしまえば、容疑者は、不満があって自分から会社を辞めたのに、数ヶ月してから再びその会社に戻ってきてその会社のお客さんを殺傷した男、ということになる。そう考えれば、いかにこの男がおかしいかがよくわかる。

ちょっと考えればわかる通り、勤めていた会社がどんなにひどいところだったとしても、辞めてしまえばお客さんなんて関係なくなる。多くの人はその会社やそこのお客さんと関係を切るために辞めるのだ。たとえその辞めた理由がお客さんとのトラブルで、怒りは残っていたとしても、お客さんを皆殺しにしようなんてまず思わないはずだ。まして会社を辞めた後にまで。

だけどこの容疑者は、それをわざわざ衆議院議長宛に手紙まで書き、障害者を殺す理由として前述した「家族や職員の負担」と「税金の無駄遣い」を挙げ、実際に殺傷にまで至ったのだ。さらに報酬まで要求していたのだから、あまりにも常軌を逸している。

つまり、この容疑者はおそろしく極端に変わった人である、あるいはなんらかの病を抱えている可能性がある、ということを大前提にしなければいけない。こんな人は滅多にいない。介護の現場で働いている人は他の仕事と同様、聖人でも極悪人でもない。普通の人たちなのだ。

だから、「障害者に対してこの犯人のような差別的感情を潜在的にも含め持っている人が多い」「特に介護などで不満を持っている人が非常に多いはずだ」とナーバスな声をあげる障害者を多く見かけたが、それはこの件とはちょっとピントが外れているような気がするのだ。ここまで極端な人をベースに考える必要はないのではないか。

さらに、「日本社会のヘイトを容認する風潮が背景にある」云々といった議論も、やはりピント外れというか、先に自分が言いたいことがあって、そのためにこの事件を利用しているような感じがする。ときおり「神のお告げ」で事件を起こす人がいるが、だからといって「日本社会のスピリチュアルブームが背景にある」とは分析しないはずだ。神のお告げを受ける人は、やはりかなり極端な人なので、言い分をあまり真面目に聞いても損をする。

そもそも、私にはこの容疑者が「障害者なんていなくなってしまえ」と本心からいっているとは思えないのだ。

なぜなら、この容疑者が「障害者なんて……」と言えるほど本当に障害者を知っているのか、というあたりがよくわからない。要するに自分が働いていたところに入所していたお客さんのことを通じて、こういう言い方をしているのだろう、ということは推察できる。

しかし、それならば「障害者なんて……」という言い方よりもまず「○○なんていなくなってしまえ」と固有名詞が出てくるのが普通ではないだろうか。

彼はなぜ個人名を挙げなかったのか。これはただの想像だが、彼が仕事をしていてなかなか思うように言うことを素直に聞いてくれない利用者がいたのではないか。しかも自分以外の介護者の言うことは割と素直に受け入れていたりしたら、彼は面白くないだろう。そこで彼自身がこの利用者に受け入れられようと努力をしたのかどうかはわからないが、もししてたとしてそれでも受け入れてもらえなかったら、努力をした分余計に落ち込み腹も立つだろう。

しかもこの容疑者、相当プライドが高いのはこれまで出てきている情報だけでも容易に推察できる。本来なら「自分とこの仕事（または障害者）とは相性が悪い」と割り切ってしまえばそれだけの話なのかもしれないが、彼はプライドが邪魔してそれができなかった。こうして積もったフラストレーションが一気に爆発した凶行だったとしたらどうだろうか。彼が個人名を挙げることが、介護者としての自分自身を否定することになる、そんな心理が働いたとは考えられないだろうか？

ただ、実際に殺害するときには個人名を叫んでいたという報道もあるし、やはり私には彼の気持ちは正直に言ってよくわからない。それでも、いずれにしろ「障害者なんて……」という動機にはあまり現実味を感じない。

容疑者は大麻吸引歴もあったという。そうなるとますます彼の言葉を額面通り受け取っても、それで真実に近づけるのかは怪しい、むしろ事件を理解する上では妨げにしかならないようにも思う。

### 生きていい理由

一つどうしても引っかかるのが、前述の容疑者が衆議院議長宛に送った手紙の中で、障害者が生きていてはいけないという理由として「保護者の疲れきった表情」「職員の生気の欠けた瞳」を挙げ、こういう障害者を生かしておくことは「税金の無駄遣い」と言わんばかりなのに対して、誰もきちんと反論ができていないように見える点だ。

たしかに、その主張を「とんでもない」と批判する人は多くいた。

テレビの報道等でも、介護関係者や身内の「被害者はしゃべることはなかなか難しかったけど、施設ではこんなに笑顔で暮らしていました」「いつも笑顔で周囲を癒していました」といった情緒的な話は何度も紹介されていた。一見、普通の人とは違うかもしれない障害者にだって、周囲を幸せにする力はあるんだ、身近にいながらそんなこともわからなかった容疑者は酷い奴だ、という意見である。

あれ？　でもこの理屈は本当に反論になるのだろうか？

ということは、笑顔を見せない、偏屈な障害者はどうなるのだろうか？　保護者を疲れさせ、職員のやる気を失わせるようなタイプの障害者は？　そういう人がいないと言い切る自信が私にはない。

実は「保護者を疲れさせるだけのような障害者を生かしておく意味はあるのか？」「職員の瞳から生気を奪うような障害者を生かしておく意味はあるのか？」「働くことができず、何の富も生産しない障害者を税金で生かしておくべきか？」というこの犯人の挑戦的ともいえる問いかけに対し、まともに答えている人がいないのだ。

厳しい言い方をすれば、こういう問いかけに対して、どこか無意識に背を向けてしまっているところに、障害者自身やその周りの人たちの自信のなさが垣間見えてしまう。だからいつまで経っても社会進出だってできないんだよ、とさえ言いたくなる。

答えなんて簡単なの。

私はそう思っている。

「この人は生きてていいか？　悪いか？」なんて問いを設定すること自体がおかしい。大抵の人は、「生まれて来ちゃったんだから寿命が来るまでは生きたい」と思っている（個人的な事情で早く死にたい人のことはここではおいておく）。

たとえ家族や職員にどんなに迷惑をかけても、世間から顰蹙《ひんしゅく》を買うぐらい税金を使ったとしても、生まれて来ちゃった以上は生きたい。

それだけだ。

これが私の気持ちだし、ほとんどの障害者でもそうでない人でもそうだろう。たとえそのような気持ちを表現できないとしても、そのように考えているはずだ、と思う。

そして、家族だって実はそう思っている。容疑者は、「保護者が絶縁状態」の入所者もいる、と衆議院議長宛の手紙の中で書いていた。たしかにそうかもしれないが、その保護者たちだって、別に「だから早く死んでくれ」と皆が皆思っているわけではないだろう。また、もし仮にそう思われているからといって、殺していい理由にはまったくならない。障害者の親もそうでない人たちの親も、ほとんどの人は自分たちにどんなに迷惑をかけても生きていってほしいと思っている。だからこそ被害者や同じ施設の人たちはあれだけ皆悲しみ泣いていたのだ。

もちろん、際限なく税金をつぎ込むことはできるはずもないし、あらゆる人に負担を強いることもできない。そんなことはよくわかっている。「俺たちは生きたい。だから何とかしろ」と居直るほど皆図太くも強くもない。

でも、だからと言って容疑者のように「だから死んでもいい」というのはあまりにも短絡的すぎるし、そんなことをいわれても絶対に納得できないし、ましてや「だから殺す」なんて冗談じゃない！　これだけの話なのだ。

言うまでもなく、この世には障害者じゃなくても世間に迷惑かけているヤツなんていっぱいいる。いや、逆に「私は世間に役立っています」と自信満々に確信を持って言うヤツのほうが何だか怖い気さえする。だって、容疑者は明らかにそっちのタイプだろう。

会社にだって、給料泥棒と言われる人は珍しくないはずだ。あの人が下手に働くとかえって損害が増える、なんて人もいるという。だけど誰も「そんなヤツだから死んでいい」とも「殺しちゃえ」ともいわない。せいぜい給料を下げろ、クビにしろ、という程度だ。

なのになんで障害者だけ、いきなり生き死にのことを他人に言われなきゃならないんだよ！　これが私の意見である。

かなり頭が規格外の容疑者が言ったことを真に受けて、皆が障害者の「生きる意味」を論じだす。そのこと自体が、何だか大げさというかおかしいのだ。結局のところ、容疑者の術中にはまっているのではないか。

「お前が勝手に他人を殺していいわけないだろう。バカ野郎」

それでいいのではないか。

そして、そうであるからこそ、この容疑者にだって実は当面、生きる権利はあるし、社会も受け入れていかなければならない。どういう判決が下されるかわからないが、たとえ死刑判決が出たとしても、死刑が執行されるまではこの犯人にも生きる権利はある。仮に判断能力なしとなって無罪になったら、その理不尽さを感じながら、私たちはこの男を生かしておかなくてはいけないのだ。

### 本当に考える必要があること

ただ大事なのは、容疑者の勝手な動機、言い分はさておいても、「保護者の疲れきった表情」「職員の生気の欠けた瞳」「税金の無駄遣い」を実際にどうするかは、真剣に考えていかなければいけない問題だということだろう。

まず、「保護者の疲れきった表情」については、家族の負担を軽減させるために介護制度がある。ところが、これがあまりにも活用されていない。特に介護保険の問題では、家族の負担が相当あるのにもかかわらず、要介護度の認定が厳しくなり公的支援を受けづらくなっている問題がかなりある。特に最近ニュースでも取り上げられる、家族が介護疲れで心中や殺人に及んでしまうようなことがまま起きている現状は、早急に国が中心になってなんとかすべきだろう。

また、「職員の生気の欠けた瞳」は、なんといっても介護職員の待遇と密接に関係していると思う。

様々なデータがあるが、一般的に介護職員の平均給与は低く、全産業平均よりも一〇万円近く下回るとも言われている。キャリアを積んでもあまり昇給しないという問題もある。それなのに、仕事はきつい。具体的にいえば買い物や洗濯、掃除、排泄や入浴等の現場での業務や事業所での書類作成等の事務作業もそれなりにあり、人手が少ないため一人がいくつもの仕事をしなければならず、必然的に長時間労働になる。これでは

「生気の欠けた瞳」になるのも無理はない。

手前味噌だが、私の介護事業所は、事業を開始した二〇〇九年ごろにはすでに介護職員の待遇がかなり問題になっていたことに加えて、私自身は芸人としての収入があるので、ならば自分は介護事業では儲けずにその分を従業員に還元しようと思い、訪問介護の中では破格といってもいいぐらいの給与設定をしている。おかげで離職率は低く業界的にも「ベテラン」といわれるレベルの人が中心になってくれていて、忙しい中でも皆「生気みなぎる瞳」でがんばってくれている。

これは私がたまたま芸人で、一応別の収入があったからできたが、他の一般的な事業所ではまず無理な話だ。このへんをどうするかは、喫緊の課題である――といったところで、私もそのためにはこうしたらいいだろう、なんて提案できるアイデアなんて正直まったく思い浮かばない。

ただ、とにかく今この「介護」というものの世間のイメージだけは早急にどうにかしなければならないだろう。

ここまで「きつい」「金にならない」というイメージが定着しちゃったら、大抵の人なら「誰が好き好んでそんな仕事するかよ」という風になってしまうのは当たり前だろう。介護保険制度が始まったころは、どこの誰が言い出したのか知らないが、「間もなく迎える高齢化社会に向け、これからは介護の時代」と言われ、一気に注目されたため、人材も相当入ってきた。ところが、高齢化社会は迎えたのに、少なくともビジネスの世界では「介護の時代」にはならなかった、このことをまずきちんと総括しなければならないんじゃないかと思う。それにより、今後どうすれば良いのかが、少しずつ見えてくるのではと思う。

そして、この待遇改善と密接に関係するのが、もう一つの「税金の無駄遣い」という問題だろう。要するに、国にお金もなく景気も皆が実感できるほど良くなっていないため、皆に余裕がない。余裕がないから、社会的弱者のための障害者の施設である「やまゆり園」にいるような意思の疎通が図れない人まで生かしておく必要があるのか、なんて議論が出かねないのだ。

とにかくここにどうやってお金が回るようにするか、税金をあてにしなくてもやれるような方法を考えた方が良い、という人もいるけど、そんなうまい方法があるのだろうか。「利用者に負担をしてもらうことでより良いサービスを提供する」ということで『障害者自立支援法』(現『障害者総合支援法』)を改正したが、その時の障害者や家族の反発は相当なもので、現在一割の負担をさらに上げるのは、反発だけでなく実際に費用を払えず介護を受けられない人を増やすことにもなりかねず、かなり厳しいだろう。

矛盾を抱えながら、なんとかやってきたのが今の日本の介護の現状だ。その危うさを誰しも感じながらも答えを導き出せずになんとなく結論を先送りにしてきたことも、今回の犯人を生み出してしまった一因だと言ったら言い過ぎだろうか。

とりあえず考えるべきは、どうすれば家族や職員の負担を少しでも軽くして、税金を多く使わなくて済むか、この問題なのは間違いない。

そのための具体的な方法については、障害者も健常者も遠慮なく話し合えばいいと思う。とはいってもそれが簡単じゃないことはよくわかるが、まずそれができるようにステップを踏み出すことは始めなければいけないと思う。

障害者の側に立つ人が、権利だけを主張するのではなく健常者の側の論理にも理解を示し、また健常者の側も経済原則だけを押し付けるのではなく、障害者の側の気持ちを酌《く》む、といった形での話し合いができれば望ましい。

そういう話し合いは面倒臭いと思う。妙案が出るとは限らない。残念ながら今の私に答えはない。

答えがない以上、あの容疑者の問いにきちんと答えることはできない。
それでも「面倒だから殺してしまえ」でいいはずがない。
それだけは言える。

# 7 「本音」を考える

## 同じ人間として扱ってほしい

ここまでいろいろ書いてきたが、では結局どうしたらいいのか？　障害者は健常者、社会にどうしてほしいのか？　本書を締めくくるにあたり、もう一度、この根本的な問いについて考えてみたい。

「障害者」といっても種類も程度も様々だということは、ここまでにも触れた通りである。大きく分けて、身体障害、知的障害、精神障害がある。またそのそれぞれの中にも様々な障害がある。だから一括りにはできない。さらに言えば、まったく同じ障害で、同じレベルであっても、人間である以上、それぞれの個性もある。性格だって、温和な人もいれば怒りっぽい人もいるのだ。

でも、あえて乱暴に、一番簡単に「障害者」全般の要望をわかりやすくまとめてしまえば、「同じ人間として扱ってほしい」ということに尽きると思う。これに猛反発する障害者はほとんどいないのではないだろうか。

ただし、この「同じ人間として～」というのが実は曲者で、何をどうすれば「同じ人間として扱う」ことになるのか？　ここは障害者の中でも様々意見が分かれるところだろう。

私は、この本の前半で、障害者の社会進出がほとんど進んでいないと書いてきたが、それは障害者への健常者の理解度が進んでいないということである。

といっても、健常者を責めているわけではなく、障害者と健常者との接点があまりにもなく、理解しようにも理解できないからという面が非常に大きい。理解できないからそのままにしてしまっているという現実もあると思う。

また、障害者や関係者の側のアプローチの仕方にも問題があるのも、ここまでに述べた通りだ。かなり先鋭的とみられている『バリバラ』であっても、基本的には昔からやっている『24時間テレビ』で言っていることを逆側から言っているだけだし、国会議事堂をはじめ官庁等の前で障害者が集まって抗議活動するのを今でもたまにテレビ等で見るけど、これらと形を変えているだけで言っていることはほとんど同じで、理解が進む結果にはそれほどなっていないのが現状だろう。

「障害者」というものがどんなものかわからなければ、健常者も社会的に受け入れようがない、ということがずっと続いているのだと思う。

### ナンセンスな質問

健常者の人から「街中で障害者を見かけたらどのように接すれば良いでしょうか?」と聞かれることがよくある。

こういう質問があるということ自体、その人と障害者の間にはものすごく距離があるということだし、しかもこの質問自体はっきり言ってナンセンスだと思う。だってこれが、もし「障害者」でなければこんな質問するだろうか?

うちの親父が昔「オレたちが子どものころは外国人だって珍しかった」と言っていたことについては触れた。しかし、いくら珍しいからといって、「どう接すればいいですか?」なんて雑な質問を外国人に聞く人は昔もあまりいなかったのではないか。

「たとえば道を聞かれたらなんて答えればいいか」「どんな風にもてなせばいいか」と

いった具体的な質問ならば理解できる。

でも、初対面の外国人と話すという際に、「こうすればいい」という模範解答なんて存在しないことは、昔だって常識のある人ならばわかったはずだ。鎖国の時代ならば、外国人に頭をかじられないように用心しなくてはいけないのではないかといったことも考える必要があっただろうが、現代においてそんな心配はしなくていいことくらい誰だってわかっている。

相手は同じ人間なのだから、普通に挨拶すればいい。まずは「こんにちは」でも「ハロー」でも言ってみればいいのだ。さらに会話を進めるならば、相手に通じる言語を使う必要があるが、外国人相手だからといって特別なことを考える必要はないだろう。もちろんイスラム教徒であればこういうことに気を付けたほうがいいとか、いろいろ細かい知識があるに越したことはないけれど、ここで言いたいのは「外国人」全般に通用するコミュニケーション術なんてない、相手の言いたいことを理解しようとする以外にはない、ということだ。

障害者相手だって本当はこれと同じはずなのである。「同じ人間」として見て、普通に接すれば良い。それ以上のことはないはずなのである。

よく、「目の不自由な人がいたらいきなり手を引いたりせず、声をかけてからにしましょう」とか「車イスの人を見かけたら、一声かけてからそっと押してあげましょう」なんて言う人がいる。もちろん、そういうやり方が正解の場合もある。でも、相手は機械じゃあるまいし、皆が同じと言うこともあり得ないのだから、ハウツー本みたいにうまくいくわけないのだ。

以前この手のハウツーを真に受けたのか、私が友だちと待ち合わせをしてたらいきなり私の車イスを押そうとし始めた人がいた。ただいきなり押そうとしても私の車イスは電動なので動くはずもない。

私が何も言わないと、その人は「あれどうしたらいいの？」「あら、困った」なんて言い出す始末。ようやく私が、

「ここで待ち合わせしてるだけなので、お気持ちはありがたいですが、勝手にどこかに連れて行かないでください」

と言うと、急に我に返ったらしく、

「そうですよね。どこに連れて行けばいいのかわからないのに、私は何をしてたんでしょう」

そう照れ臭そうに言いながら、その人はお辞儀をして立ち去って行った。

この話には後日談があって、その人は、数年後、私のライブにやってきてくださった。たまたま私が出たテレビ番組を見たようだ。ライブ終了後、「あの時の私です」と言われて、私も思い出した。

「障害者というと特別な存在と考えてましたけど、別にそんなに難しく考えなくていいんですよね。あなたを見ててよくわかりました！」

そんなことを言って、笑顔で帰っていかれた。

この人はたまたまいい人だったので、いい話で終わっているけれども、そうでもない人だともっと後味の悪い話になったかもしれない。

ともあれ、こんなハウツーがまことしやかに伝えられること自体、世間的に障害者は未だに「特別な存在」と見られているということだ。

「特別な存在」であるという状況が変わらない以上、障害者が望むように「健常者と同じように」「同じ人間として」なんて絶対接してもらえない。

## バニラ・エア騒動を考える

ではこの「特別な存在」ではなくするためにどうすればいいのか。一つのやり方としては、「異議申し立て」をする、という手法があるだろう。差別に対する抗議は、その代表だ。

二〇一七年六月に話題になった「バニラ・エア」を巡る一件は、「異議申し立て」を考えるうえで興味深い。

下半身不随で車イスで生活する木島英登さんという障害者男性が、格安航空会社のバニラ・エアを利用して、関西空港から奄美空港へ向かう便に乗ろうとした時のことである。木島さんは、バリアフリー研究所という団体を主宰している方で、経緯をブログにまとめて公開している。そのブログをもとにまとめるとこういうことになる。

・六月三日、チェックインカウンターで飛行機に乗る階段の写真を見せられ「歩けますか」と聞かれたので「歩けない」と言ったら「乗れません」と搭乗を断られた。

・航空会社側は特に手伝ってくれないとのことだが、木島さんは同行者五人が車イスを担いで搭乗。

・帰路、奄美空港のチェックインカウンターで、空港の車イスに乗り換えて欲しい、行きの時に自前の車イスに乗ったのは、「違反」だったと言われる。

・「同行者のお手伝いのもと、階段昇降をできるなら」という条件で、ようやく搭乗が認められる。

・搭乗タラップの前、同行者が車イスを持ちあげて乗ろうとしたら、ダメ！　と制止された。仕方ないので、階段に座って、一段一段、這って登ろうとしたが、それもダメだと言われる。

・木島さんは静止を無視して、自力（腕力）で階段を登り始める。途中でキャビン・アテンダントも手伝って、何とか乗ることができた。

この経験を紹介した上で、木島さんは次のような問題提起をしている。

・奄美空港のバニラ・エア担当者に聞くと、「歩けない人単独は完全ＮＧ」「車いすを担ぐのはＮＧ」「同行者のお手伝いのもと、階段昇降をできるならＯＫ」という返事だった。

・同じ奄美空港への便でも、ＪＡＬは問題なく乗せてくれるから、これはバニラ・エアの問題である。
・バニラ・エア側が手伝いができないにしても、自分たちで何とかするというのまで拒否するのはおかしい。
・これまで世界中を旅してきたが、「歩けない」ことを理由に搭乗を拒否されたことはない。かの中国ですら、職員が手伝わないことはあっても拒否はしなかった。
・バニラ・エアの対応は人権侵害であり、障害者差別解消法違反である。

この一件は、朝日新聞などが報じたことで一気に全国ニュースとなり議論が沸き起こった。結果として、バニラ・エア側は対応の不備を謝罪したうえで、アシスト・ストレッチャー（座った状態で運ぶ担架）や階段昇降機の導入を進めることを表明した。木島さんの異議申し立てが企業を動かしたのである。

しかし、この木島さんの行動については賛否が分かれた。賛同する声もある一方で、「勝手なことを言うな」という声もあったようだ。木島さんのブログによれば、六月二七日～七月一日の間に「批判的メッセージ」が一二八通、「応援メッセージ」が三五通、それぞれ木島さんのもとに寄せられたという。

批判的メッセージとしては「事前に連絡をせずに当日通達するなんてクレーマーだ」「そもそも格安航空はサービスを削って安くしているのだから贅沢を言うな」といったものがあった。また「同じ障害者」として、木島さんの行動を「わがまま」と断じて「迷惑だ」という声もあった。

これについて、乙武氏は木島さんの側に立った文章をネットで公開している（「バニラ・エアが燃えている。しかし、木島さんも燃えている。」ハフィントンポスト六月二八日）。乙武氏は、「事前に連絡すべき」という意見に対して、こう述べている。

「毎日新聞の取材に、バニラ・エアは『関空―奄美線では、自力で歩けない車椅子のお客さまから事前に連絡があった際には搭乗をお断りしていた』と回答している。何のことはない。事前連絡をしたところで、結局は乗れないのだ。

事前連絡をすることでスムーズに搭乗できるという前提なら、『木島さんは事前連絡すべきだった』との批判も理解できる。しかし、事前連絡をしたところで『お断り』ならば、するだけムダというものだろう」

「2016年4月に障害者差別解消法が施行されて1年以上が経過した。これによって、障害の有無にかかわらず、すべての人が適切なサービスを受けられることが法律で保障されることとなった。もちろん、この法律が施行されたからといって、障害者の要求がすべて通るわけではない。あくまで『合理的配慮の範囲内で』という前提がある。ただ、この合理的配慮、ちょっと難しい。

たとえば、『飛行機のサイズが小さすぎて私の車椅子を搭載できないなら、新しい機体を購入してほしい』という要求をしたとする。これは、あまりに莫大な予算を必要としてしまうため、『合理的配慮の範囲を超える』と見なされてしまうだろう。しかし、木島さんが搭乗するためには、ストレッチャーさえ準備されていれば問題なかった。

実際にバニラ・エアは木島さんとのトラブルから二週間以内にストレッチャーを導入していることを考えれば、予算的にも、手続き的にも、そう準備に負担がかかるものではないことが窺える。つまり、バニラ・エアは合理的配慮の範囲内であるストレッチャーさえ用意していなかったのだ。これは、明らかに障害者差別解消法に反する状況だったと言える」

乙武氏の主張はこうだ。そもそもバニラ・エアは障害者差別解消法に反する状況を放置していた。それを木島さんは身をもって告発して、事態を改善させたのだから非難されるいわれはないではないか。木島さんを「クレーマー」呼ばわりするのは間違っている。

さすがに理路整然としており、乙武氏の論にはそれなりに説得力がある。しかし、これに対する反論もまた寄せられた。経済学者の池田信夫氏は、自身のブログで次のように述べている（「『バリアフリー』のインフレに歯止めをかけよう」「池田信夫 blog」二〇一七年六月三〇日）。

池田氏は、ストレッチャーの設置は「合理的配慮」にあたるという乙武氏の指摘に疑問を投げかける。

「ストレッチャーを用意することが『合理的な配慮』にあたるというのは乙武さんの解釈にすぎない。合理的か否かの基準は、法令で義務づけられているかどうかで客観的に決めるべきだ。

バリアフリー法では、客席数が60以上の航空機における機内用車椅子の設置が義務づけられているが、乗降の際のストレッチャーなどの設置義務はない。空港にも車椅子に対応する設備が義務づけられているが、これは航空会社の義務ではない。したがってバニラ・エアがストレッチャーを用意しなかったことは違法ではない。

乙武さんも『バニラ・エアを選ばず、別の航空会社を利用するという方法もあった』ことを認めるが、『それではバニラ・エアが違法状態であり、企業として無自覚の差別を行なっていることを放置し続けることとなる』と書いている。つまり彼らが『差別者』だと考える航空会社に社会的制裁を加えるために、故意に連絡しないで騒ぎを起こしたのだ。

問題の木島英登氏は、自分のブログで過去に4回も搭乗拒否を突破したことを誇示している。彼は『前もって連絡していたら、診断書を出せと言われたり、根掘り葉掘り聞かれたりして面倒です。連絡をしなかったのは確信犯です』と答えている。

彼のような『当たり屋』が騒ぎを起こすと、バニラ・エアのようなLCCも障害者用の設備や人員を用意しなければならない。外資系航空会社OBによると、そういう機材を1台チャーターするのには1万円ぐらいかかる。バニラ・エアの関空＝奄美便の料金は4780円である。これでは『格安航空会社』は成り立たない」

池田氏は、こうも述べている。

「こういう当たり屋が来たら、全国の階段で上がるレストランがアウトだ。車椅子用エレベーターをつけるコストは、他の客が負担する」

「こういう場合に大事なのは、『合理的な配慮』などの基準を法令で明確に決めることだ。それを『思いやりがないのは違法だ』というように拡大解釈すると、日本中に無駄な障害者用設備があふれ、そのコストは利用者や納税者が負担することになる」

この一件は、本書で繰り返し述べてきた問題を浮き彫りにしている。つまり、どこまで社会は障害者に配慮するのか。できるのか。どこまでコストを負担するのか。する覚悟があるのか。その線引きを巡る論争である。

バニラ・エアが儲かって儲かって仕方がない会社ならば、「ケチケチするな」と誰もが思うだろう。でも、そもそも「格安」を売りにしている会社だ。ケチケチしているから格安なのは、誰にだってわかること。細かい配慮をしていたら、格安ではなくなる、というのは一理ある。

いや、しかし、障害者が乗れるように、というのは細かい配慮とか特別扱いの部類に入るのか。

乙武氏と池田氏の立場の違いはここにつきる。乙武氏は、すべての会社が配慮すべき部類のことだ、という前提で議論をしている。たとえばいくら格安航空会社であっても、安全に関するコストを削減することは許されない。障害者が乗れるようにすることは、それと同じようなコストだ、という考えだろう。

一方、池田氏は、障害者への対応はそういう基本的な配慮ではない、という立場である。池田氏の紹介している数字が正しければ、木島さんのような人に配慮をするたびに、格安航空会社は、赤字を増やす計算になる。それをカバーするには、他の利用者の料金を上げることになるかもしれないが、それは格安航空会社にとっては死活問題だ。それでいいのか、そんな負担を企業に強いることは許されるのか、という理屈だ。

別の例でいえば、格安航空会社のCAが、JALよりも器量が劣るとして、それを責める人はいない（と思うし、本当に劣るかどうかは知らないけど）。格安を利用しながら「CAがブスだ」と騒ぐ奴はおかしいだろう、ということである。

本書では、こうしたコストの問題については何度も触れてきた。障害者の社会進出、あるいは障害者が普通に暮らすということを考えた場合、常にこの問題にぶつかってしまう。

主に発達障害者が企業に就職するにあたって、「ジョブコーチ」をつけるという制度がある。その障害を抱える本人がどのようにして働けば良いかを障害者本人や企業側に進言するのだが、障害者が働くためにはこういう「合理的配慮」が必要になる。

しかしこれにもまた、相応のお金や手間暇がかかるわけである。

## 異議申し立ての意義

基本的に、異議申し立てが世の中を動かしてきたという面は否定できない。この本であれこれ勝手なことを書いてきたけれど、私なんかよりもっと上の世代の障害者たちは、並大抵ではない苦労を強いられてきた。

学校に行くのだって大変だった。義務教育にもかかわらず入学さえ認められなかった例もあるという。能力はあるにもかかわらず、ろくにそんなところを見ないで、障害を理由に仕事に就けない例も珍しくなかったはずだ。

国鉄時代のＪＲでは、車イスで電車に乗ろうとするだけで、あからさまに嫌な顔をされたり、場合によっては乗車拒否をされたりしたこともあるという。居酒屋に行くと「君は障害者だから帰りなさい」と言われて追い返されたなんて話も聞いたことがある。

そんなことがあれば、被害者意識を持たざるを得ないのはたしかだ。そして、こういうことに対して、先人たちがあるときは異議を申し立てて闘い、あるときは耐えてきたことで、少しずつ事態は改善されていった。

それでもまだまだ不足だ、と考える人もいるのだろう。木島さんはその代表だ。

この件、私は木島さんは「間違って」はいないと思う。だって、普通飛行機に乗るときに予約以外で電話をかけることはまずない。健常者はかけなくて良いのに障害者だけかけさせるというのは不平等だと思う。単純に手間暇もかかるし通話料だってかかる。障害者の扱いもそこまで健常者と同等にしてこそ平等だろう。

でもね、障害者の場合、周りの人たちにかける負担が健常者よりどうしたって多くなってしまうのもまた事実であり、そうなると事前の連絡なしを前提としてしまうと、対応する側にかなりの負担を強いるのも否定できない。

私は自分（というかうちの事務所主催）でお笑いのライブを開催しているからよくわ

かるのだが、当日は皆バタバタ動き回っていて、暇なスタッフなど一人もいない。そんなところに事前連絡なしで車イスのお客さんが来ると、どうなるか。バリアフリー設備が整った会場ならまだしも、階段等のある会場だとこの車イスの方のために何人かのスタッフをその場でかき集めなければいけない。それは正直かなり大変だ。それでもうちでは車イスの方に事前の連絡は、できうる限り健常者と対応を同じにさせていただきたいと思い、お願いしていない（ただし劇場からの要望がある場合はお願いしている）。

話をバニラ・エア騒動に戻すが、「どうすべきか」といえば間違いなく事前連絡なしで車イスでいきなり来られても対応できるようにすることがベストなのは当然だし、「そうしていきなさい」というのが「障害者差別解消法」の定める「合理的配慮」なわけだが、現実的には、まして今回のバニラ・エアのようなＬＣＣでは対応はかなり難しいと思うのだ。そこを、この木島さんのように強行突破することは果たして何をもたらすのか？　バニラ・エアはこの後すぐにストレッチャーを導入したそうだが、どこの格安航空会社も皆同様の措置がとれるかといったら、まずあり得ないだろう。

それに木島さんのようななかば実力行使のようなやり方だと、障害者への理解どころか反発を招かないかとも思うのだ。そしてそれが、はたして他の障害者のためにもなるのか？ といえば絶対ならないと思う。

## 愛想は大事

以前、電車に乗ったときのこと。初めて降りる駅に着いたとたん、ものすごく駅員さんの感じが悪かった。最初は困惑したし、気分も良いもんじゃないが、余計なことは言わずに、お礼だけ伝えてその場を去った。

その駅は、そのあと仕事で毎週使わなければならなかったので、その人がいるとそれだけで憂鬱だった。しかし、出会って三ヶ月ぐらい経ったころにいつものようにホームでその駅員さんと電車が来るのを待っていたら、その人が私の顔をマジマジと見ながらこう言った。

「あなたは明るいね。いつもかけてくれるお礼の言葉を聞いてれば声でわかる。前にこの駅に来てた車イスの人はまあ横柄でこっちが手を貸そうが何をしようが何も言わない。それは別に仕事だから良いけど、ある時世間話でもしてみようかと思って『こちらに来られるのは仕事か何かですか？』って聞いたら『この駅に車イスで来るのは仕事じゃなきゃダメなのか⁉』っていきなり凄まれちゃって。あまりにも感じが悪くて正直嫌いでした。でその後今度はあなたが来られてまたおんなじような人だったら嫌だな、とずっと思ってたんですけど、いい人で良かった」

ようやく駅員さんの無愛想の理由がわかった。そして、その障害者に腹が立った。どんな理由があるのか知らないが、好意を持って近づこうとする人を何のためにわざわざ遠ざけるんだろう。誰が得をするというのだ。少なくとも、そいつのせいで俺はしばらくこの駅員さんに感じの悪い態度で接されたんだし。そんなことを考えたらなんだか急に申し訳なくなって、その駅員さんになぜか私が謝っていた。

「車イスで来て、御世話になっているのに感じが悪くて申し訳ないです。すみません」

その後、この駅員さんとはすっかり打ち解け、他の駅に異動になるまで親しくさせていただいた。

余談だが、こういうときに私はまず声を荒げたり怒ったりしない。しそうに見えるのか「ガンガンやっちゃうんでしょ?」などと聞かれたこともあったが、私ははっきり言ってそういう揉め事は嫌いである。もっといえば気が小さくやりたくない。だから正直木島さんみたいな人の神経がわからないのだ。

### できれば大らかに

今回の件に限らず、「障害者はつけあがって自分の権利ばかり主張する」「世話にならなきゃなにもできないくせに生意気だ！」「少しは世話になっていることに感謝しろ！」という声を見聞きすることがある。

そうした意見は、かつてはただ陰でヒソヒソ言われているだけだったが、ネットで匿名の意見が発信しやすくなってからは、わりと目にする機会も増えた。決して新聞、テレビ、雑誌で見ることはないし、多分、日常生活でも大きな声で言う人はいない。その分、ある種のフラストレーションがたまってしまい、余計にネットでは声高にそういうことを言う人が出てきてしまう、という構図があるのだろう。

でも、はっきりいって私も含め世のほとんどの障害者は介護を受けなきゃ日常生活もまともに送れなく、ソレを口に出すかどうかは別にしても、皆迷惑をかけていることは重々わかっているはずだ。感謝の気持ちを持っていない人も、表現するかは別にしてほとんどいないと思う。

だけどそれでも、障害者の方としては、ペコペコ頭を下げて黙っているだけでは卑屈になってしまう。もっと言えば、権利を主張し強気で意気がっていないと社会参加できない、それが障害者だと社会からも自分の周囲からも散々そんな話を聞かされてきたが故にそうせざるを得ない。これが多くの障害者の一番の「本音」だし、これまでの様々な「異議申し立て」も、基本はそこから発信しているに過ぎないことだと思う。

そういう気持ちがあることは理解して、健常者の人たちにはおおらかに包んでほしい、といったらそれは障害者のわがままなのかな。むろん、「だとしたらいろいろ言い過ぎだろう。この『異議申し立て』はどう考えてもやり過ぎだろう」と言いたくなる場面があるのはよくわかる。

でも、私はあえてそこを「こいつら弱者だってことを重々承知しながらも、なんとか対等な社会の一員としていたくて意気がってるんだな」と余裕を持って受け流してくれる度量をあえて社会に求めたい。

実際に何かが変わらなくても、そうしてくれるだけで、社会的に受け入れてくれた、また受け入れようとしてくれていたことが伝われば、かなりの障害者の人たちは心の安らぎを覚えると思うのだ。

ちなみに私は意気がることもなく、感謝の気持ちや御礼は基本的に毎回伝えるようにしています（人としてあたりまえのことですよね）。

## 親切な人が壁になる

先人たちが闘い、耐えてくれたから今がある。そのおかげでかなりいろいろなことがバリアフリーになったのは事実である。ＪＲは親切になり、居酒屋も「帰れ」とは言わない。

木島さんに代表される、待遇改善を求める活動は、解決すべき課題が明確で、その解決のために発言したり、行動を起こしたりするというものだ。

一方で、「結果として」問題が解決されていくこともあると思う。社会全体が変わるかどうかは別として、障害者があれこれいうことで、いろいろやることで、周囲の人が考えたり、配慮したり、手伝ったりして、その人の周辺が変わるという流れである。この場合、当事者である障害者が「これをやりたい」と言うことが起点となる。そうでないと意味がない。

だから、障害者の側は、あまり臆することなく、もっと積極的にいろんなことに挑戦してもいいと思う。その過程では、否応なしに健常者とも関わらなければならなくなるだろう。そしてここで良好な関係を作っていくことが何より「障害者の社会進出」を推し進めることになるはずだ。

そういう障害者がもっと増えることで、障害者は確実に「特別な存在」ではなくなり「同じ人間」と認識してもらえるはずなのだ。少しずつであっても、そういう認識を持つ人が増えれば、結果的に社会も変わっていく。

ただ、それには実は大きな壁がある。障害者の周辺の人たちの存在である。「障害者が特別な存在」という意識は、何も障害者とあまり接点のない健常者だけが持っているものではない。さきほど、そうした意識の前提には、障害者との接点の少なさがあると言ったが、それに加えむしろ障害者の周囲の人たちの方がよりそういう意識が強い場合も多いのである。これはこれで厄介なことだ。世の中で障害者が「特別な存在」と捉えられていると書いてきたが、障害者のそばにいる人たちは逆に「自分たちは障害者を『特別な存在』と見ていない」という強い意識がある。皮肉にも、この意識がまた、結局障害者を「特別な存在」にしてしまい、自立や社会進出を阻む壁になってしまっているケースも見られるのである。

そばにいる身近な人とは、友だちや家族、また障害の関係で関わる医師や介護をするヘルパー等である。当然、本来一番理解し合える間がらであってもおかしくない。ところが相手が障害者となると、そこに依存する―依存される関係ができてしまう。

これは特に身体的なハンデがある障害者の場合に多い。身体障害者はどうしても何らかの介護を必要とする。それにより何かを「してあげる」「してもらう」という関係性を身近な人と築かざるをえない。

すると、決まって距離感がおかしくなるのだ。

**なぜダメ出しを**

私の場合でいえば、ネタにダメ出しをしてくる人がいた。「してあげる」「してもらう」という関係性により、私は相手には身体のかなりの部分までさらすことになる。普通の親子では見せないところも見せるかもしれない。

しかし、どんなに近しくなったとしても、その人はお笑いに関しては、どこまでいっても素人である。だから当然的外れなことしかいわない。

ところが、私に限らず多くの芸人は皆実はすごく繊細なのだ。ダメ出し、特に身近な人からのそれには滅法弱い。すぐぶれる。

しかも彼らはただダメ出しするのでなく、「こうしたら面白い」なんて意見まで平気で言ってくる。するとこっちは素人の的外れな意見だとわかっていても、「もしかしたら……」と思い採用したりしてしまうのだ。そして本番で見事に玉砕する。

こんな経験を何度したことか――と過去形で書いたものの、実はこのことに最近になるまでぜんぜん気がつかなかったのだ。それも自分のことで気づいたのではなく、私がやっているライブに何組かの障害者の芸人に出てもらったときの打ち上げで、「あ！」と思ったのだ。

その打ち上げには介護の人も一緒に来ていた。その人と介護対象の芸人との会話を聞いていると、明らかに素人のはずの介護の人が、その日のネタに対しあれこれ意見を言っているのだ。

もちろん、一観客としての感想を伝えるのは悪いことではない。ところが明らかにその意見は一観客からのものではない。完全に「身内」の「上から目線」なのだ。なんのアドバイスにもなっていなく、当然ちっとも建設的ではなかった。「あそこ噛んだくせに」「もう少し間を取れればいいのにね」等々。私だったら、「ふざけんな！　テメエが一度でも舞台に上がってからいえ‼」と怒鳴りたくなるようなことを平気で言っているのだ。

しかももっと腹が立ったのはいわれている芸人が「はい」「はい」と素直に聞いていることだった。「オマエらもっとキレろよ！」と思ったけれども、さすがにその場で口にするわけにはいかず、後で私のマネージャーに「打ち上げの最中のアイツらの会話ひどかったな」と言ったら、

「正直よく我慢してるなと私も気が気でなかったです。それに青山さんが他の人たちと話してるときにも、あの人散々〇〇さんたちに上から言ってましたよ」

ますます腹が立って仕方なかった。こういう人は悪意なくデリケートな部分に平気で踏み込んでくるからタチが悪い。

言う方はあくまでよかれと思って言っているうえ、自分がとんでもなく度を超えたことを言っているともまったく思っていない。でも言われる芸人の方はたまったものではない。彼らがいつまでも妙に萎縮した芸しかできない理由の一端を垣間見た気がしてものすごく切なくなった。

つくづく不憫に思ったものの、実のところよく考えれば、私だってわりと最近までそういう人たちが結構そばにいたことに気づかされた。こういう人が結局害になることはわかっていても、障害者の場合まだキャリアも浅く、地位も大してない芸人でも、介護

の必要性があるので一人ではどうしても仕事ができない。そして、大手の芸能プロダクションに所属しているわけでもない。私もそうだったように個人事務所やフリーの芸人にはキャリアも地位もないうちからきちんとしたマネージャーがついているわけでもない。それでどうしてもそういう人の手を借りなければならない。

障害者の場合、ここが根本的に健常者とは違う。つまり、誰か手を貸してくれる人が必ず必要だという点である。

もちろん、普通の芸人でも余計なアドバイスをしてくる人は周囲にいるかもしれない。センスのないマネージャーがつけば、やっぱりロクなことは言わない。でも、そういう相手だとわかれば、付き合いを断つこともできる。マネージャーであれば「スケジュールだけ管理してくれ」とも言える。

しかし、身の回りのことをやってくれる人、すなわち「してあげる」「してもらう」関係の相手には難しい。独特の「近さ」があり、それは介護という点ではありがたいのだけれど、それ以外の時には弊害になりかねないのだ。

幸い、私自身は、数年前からやっときちんとしたマネージャーをつけることができた。今、彼と二人三脚でやっているおかげで、雑音が一切入らないようになったのは幸いである。マネージャーがいる上でなら、介護の人たち（私の場合は従業員だが）が私の仕事の部分に関わることは一切ないのでほど良い距離感ができている。

念のために言っておくが、介護の人を批判しているのではない。介護の手というのはどうしても必要なわけで、あの障害者芸人たちの介護をしてた人だって悪意がないのはすでに述べた通りだ。要は彼らとの距離感の問題なのである。

「あくまで自分は彼らが芸をやりやすくするためにサポートするだけ」という強い意識があれば、また彼ら自身もこの人にはあくまでサポートしてもらうだけで、自分たちは芸に集中する、という強い意識があれば、程良い距離感が保てると思うが、現実はそんなに簡単ではない、と経験者としてあえて言っておく。

スタートのときにそういう関係を築けていればとも思うが、それでも現実はやはり難しいだろう。

### 適切な線引き

なぜこういうことが起こるのかといえば、結局のところ「特別な存在」である障害者を理解し支えているのは自分たちだけだという思いが、悪い方に作用してしまっているのだろう。そういう思いが、自然のうちに障害者を囲ってしまい、皮肉なことに結果として健常者との壁（バリア）になってしまっているのだと思う。

この点、障害者の周囲の人たちの意識変革も不可欠なのだと思う。しかし、そういうことをあまり強調すると、向こうだって不満に思うだろう。

「これだけ面倒みてやっていてまだ注文されるのかよ」

「こんだけやってやって文句言われるのかよ」

そんな風に思うかもしれない。不快感を抱かせることは互いのためにもならないから、障害者側がきちんと線を引くことも大事だと思うが、どうしても介護が入ってくると、受け身になる障害者が線を引くのは難しいだろう。

ならどうするか。やはり介護以外の人たちとの接点をなるべく作ることだと思う。前述したように、障害者が何かに挑戦しようとすれば、必然的に健常者と接する機会が増える。その中で介護者とは別の新たな深い関係を築いていければ、介護者やそれ以外の「障害者側の人たち」とほどよく距離ができるのではないかと思うのだ。

簡単に意識を変えるなんてできないかもしれない。「挑戦する」といっても何をどうすれば良いんだろうと思うかもしれない。でもそれをやることで世間から障害者は見えやすくなるのは間違いない。

世間から見えるということは、それだけ存在を認識してもらえることになるわけで、結果「障害者とどう接すれば良いか?」への答えを、接点を持ったそれぞれの人が自然に導き出せるようになるのではないだろうか。

**結論というほどではないが**

ではどうなれば一番良いのか?

それは、ここまでに何度も言ってきたことだが、「障害者」という存在が世間的に認知されることに尽きる。今はその存在を知らない人はおそらくまずいないだろう。ただ自分と何か接点があるか? 友だちや仕事上の関係等で何人の障害者と接点があるか? 途端に人数は減るだろう。

今は同じ国や地域にいても住む世界が別になってしまっている。これを解消し、同じ世界に入れてほしい、というのが多くの障害者の一番の思いだろう。

健常者側が障害者を理解しようとすることも大事だが、それは何だかんだ言っても、もう何十年も言われ続けてきたし、形や程度は人それぞれだろうが一応皆やってきていると思う。だからこそ、障害者側が今度は受け入れられるようにするべきだと思うのだ。

そのためには、これまでやってきた抗議運動や、あるいはバニラ・エア騒動の際の「異議申し立て」のような手法では権利は獲得できても、結局禍根を残すだけで障害者と健常者が共存することにはなっていかないと思う。このことは現在の障害者と健常者との関係性が証明している通りだ。

木島氏の行動も乙武氏の主張も筋は通っていると思うが、法律や「正しさ」を盾にした高圧的なものを感じてしまう。これだと結局これまでの抗議運動と何ら変わらず、これをやり続けているから、「障害者は権利ばかり主張して」だの「障害者はわがまま」だのと批判されるのだ。もとよりこの批判も「障害者は」とすべての障害者を一括りにしている段階で、やや的外れだとは思うが、何よりこういうところで批判される材料を提供してしまうのはあまりにも得策でないと思う。

だから池田氏の反論をはじめネットでのバッシングはその辺りを鋭敏に察知してのものだと思うし、池田氏の反論も十分説得力がある。

誤解してほしくないのは、私はこれまでの抗議運動や「異議申し立て」を否定するつもりは毛頭ないという点だ。前述したとおり、これらの人たちが獲得した権利の恩恵をどれだけ受けているかはわかっているつもりだし、感謝もしている。「感動ポルノ」という概念もクローズアップされて問題視されるようになったが、これは一種の「逆差別」である。そして、それ以前には、もっと露骨な正真正銘の不当な差別が多くあったのは紛れもない事実である。

しかし、自分たちが暮らす社会には「障害者」がいるということは認識されてきたことは間違いない。ここからこの社会を構成する一員として障害者がどう加わっていくか、加わることでそれまではただ要求するしか術がなかったところに、いろんな現実も見えてくる。

どうすればより良い関係を持てるのか？　より良い社会になるのか？　今までは健常者に要求を伝え考えさせるのを待つだけだった障害者も、もっと主体的に一緒になって考えるのだ。これによりこれまで健常者だけで考えてただけでは気づけなかったことが新たにわかったり、まったく新たな発想が生まれることだってあり得るだろう。これこそ、「多様性の尊重」、今風に言えば「ダイバーシティー」だろう。

そのためには、身近なところで、家族や介護者以外の健常者との接点が増えるといい。そこで良好な関係が生まれ、「障害者ってテレビとかで描かれてるのとずいぶん違う」

と認識されれば大きな変革だ。これをひとりでも多くの障害者が自分の暮らす場所でやっていくことが、世の中の障害者への認識を変える一番の近道だと思う。

「何から始めていいかわからない」という障害者もいるだろうが、だからこそ自分がやりたいと思うことに挑戦してみることだと思う。趣味でも何でも良い。やろうとすれば、どこかで必ず健常者との接点は生まれる。

私もそうやってやってきた。お笑いやプロレスが好きで、会場に足繁く通う中で、自然に友だちもできた。

## もっと胸襟を開いて話し合いたい

私が高校生のときの夏休み、そんな風にして仲良くなった人たちと、プロレスの地方興行を見に行こう、という話になった。すると、友人たちの間ですぐに「青山をどうやって連れて行くか？」という話が持ち上がった。

実はこの時、私は「お金もあんまりないし、行くのはよそうかな」と思っていたのだけれど、ありがたいことに彼らは私を「障害者」という以前に「友だち」あるいは「仲間」だと思ってくれていた。そして「青山をどうやって連れて行くか」問題はあれよあれよという間に話が進み、何とか解決策が見出されることとなった。皆の気持ちがうれしかったし、無事一緒に行くことができた。

これ以降ずっと今に至るまで、その時の皆とは付き合いが続いている。

この「友だち」「仲間」という意識、これを多くの障害者が健常者と共有できれば、世間の障害者への意識は飛躍的に変わるだろう。私はその時たまたま一緒に行けたが、もしその時例えばバリアフリー設備等の問題でどうしても私が行くことができなかったとしても、そのことで設備の改善は望むけれども、仲間に不満を抱くことは絶対になかっただろう。

この本で再三書いてきた「障害者のためにどこまでお金を使えるか?」も、「いくら出た」という金額だけでなく、「こちらの思いを果たしてわかってくれているのだろうか?」という障害者側の思いと、「予算はどう頑張ってもこれしか出せない」という健常者側の思いにすれちがいがあったり、共有できていなかったりするから、障害者側はいつまでも権利を主張せざるを得ないし、健常者側は「勝手なことばかり言いやがって」となってしまう。このことをもし障害者と健常者がもっと胸襟を開いて語り合って理由もはっきりわかれば、たとえその時は障害者側の望む結果にならなかったとしても、

「残念だ」とは思っても納得はできるだろう。

これこそほとんどの障害者が望む社会参加の第一歩ではないだろうか。

だからこそ、もう対立するんじゃなくって社会の一員になるために、健常者もだが、障害者こそ心を開くべきだと思うのだ。

## あとがき

ここまでお読みいただいた皆さんは気づいているかもしれません。私はこの本の中でいろいろ問題提起をしたものの、確たる答えは一つも出していません。というか出せないんです。

私がこの仕事をしてから早二〇年以上経ちますが、この本を書きながら改めて、この間、障害者問題はどのように変わってきたのか？　何が良くなり何が変わっていないのか？　と何度も考えました。

街のバリアフリー化も進み、街中などで障害者を見る機会も増え、さらにメディアでも『24時間テレビ』で描くような「ピュアな障害者」ばかりでない、よりリアルな姿が紹介されることも増え、そこだけ見れば確かに隔世の感があるようにも思えます。

でも、その一方でバニラ・エア騒動のようなことがあり、ずっと私がやっていたようなことの焼き直しのような切り口がもてはやされたりもしていて、そこを見ると、結局根っこの部分はなにも変わっていない、障害者に対する社会の理解なんて実はほとんど進んでいない。考えるうちにそんな現実のほうが気になってしまいました。

こんなふうに書くと、「お前がそのためにどれだけのことをやってきたんだよ」と怒る障害者の方、ご家族やボランティアを始め、障害者と健常者の理解促進に尽力してこられた福祉関係の方などもいらっしゃることでしょう。「そもそもお前が『変わっていない』というのは何を指して言っているのか？」と言われるかもしれません。

そもそも、人の意識を変えることがそんなに簡単なわけない、と言われてしまえばまったくもってその通りだと思いますが、さりとていくら「そんなに簡単なわけない」からといってなにかをはじめなければ結局何も変わらないことだけはたしかです。私がいつも不満に思うのは「障害者と健常者の相互理解」と言いながら、どこまでいっても「健常者が障害者を理解すべき」というところですべての思考が止まってしまうこと、ここに尽きます。なんだか先方任せなのです。

「理解し合いたいのなら、自分たちももっと理解してもらおう、理解してもらいやすくするにはどうしたらいいだろう？」という発想があまりにも出てこないことに大変強い違和感を持ってしまいます。

「それらの理解のためにやっていることをお前は全部否定するじゃないか！」と言われるかもしれません。でもやはり『24時間テレビ』やパラリンピック、『バリバラ』的な「やっていること」にはなにか言いたくなってしまうのです。

「やっとこういう動きが始まったばかりなんだから、なぜもう少し長い目であったかい目で見られないんだ？」とおっしゃるかもしれません。でも、これが二〇年前に同じことが始まっていれば私も長い目であったかい目で見る、あるいは私も参加するということもあり得ましたが、二〇年経ってなお「始まったばかり」と言われてしまうと「じゃあこの間、一体何をやってきたの？」と思ってしまうのです。これで本当に今から二〇年後には、素晴らしい成果がもたらされるとは到底思えないのです。

だからこそ、この二〇年間なぜ何も変えられなかったのか、そして今後同じことを繰り返さないためにはどうすれば良いのか？　まず考えることが大事じゃないでしょうか？

この本がその役に少しでも立てたら幸いです。

「でもこの本だって答えなんか何にも出してないじゃん！」

そんな的確すぎる指摘をされる方のためには、次のライブまでにもっと考えをまとめて、できればとっておきの答えを用意しておこうと思います。どうか、そちらにぜひ足をお運びください。

「最後の最後に告知と宣伝か！　たくましいというか図々しいというか何というか」呆れてしまった方は、ぜひ「まえがき」をもう一度読んでみてください。障害者は聖人君子でも厄介者でもない、と書いているじゃないですか。

これから二〇年後に、「そういえばホーキング青山ってやつがいろいろ勝手なことを言っていたけど、結構世の中変わったじゃないか」となっていればいいな、と思います。最後までおつきあいいただき、ありがとうございました。

二〇一七年一一月

著者

ホーキング青山　1973（昭和48）年、東京都生まれ。先天性多発性関節拘縮症のため、生まれたときから両手両足は使えない。94年、お笑い芸人としてデビュー。著書に『差別をしよう！』など。


Ⓢ新潮新書

746

考《かんが》える障害者《しょうがいしゃ》

著　者　ホーキング青山《あおやま》

2017年12月20日　発行

発行者　佐　藤　隆　信

発行所　株式会社新潮社

〒162-8711　東京都新宿区矢来町71番地
編集部(03)3266-5430　読者係(03)3266-5111
http://www.shinchosha.co.jp

印刷所　株式会社光邦

製本所　株式会社大進堂





ISBN978-4-10-610746-7 C0236

価格はカバーに表示してあります。